JN124700

楽しく学べる

商　法
（総則・商行為）

三原　園子　著

現代図書

はしがき

　これから学習する「商法（総則・商行為）」は、明治32年（1899年）に制定された法律です。「商法」は、度重なる改正を経て、2005年に「会社法」を分離・独立させ、さらに120年ぶりの平成29年（2017年）「民法」大改正と同時に改正、2020年4月に改正民法と同時に施行されることとなりました。その間に「商法及び海上物品運送法の一部を改正する法律」が2018年5月制定、翌年4月に施行されています。

　本書は、今回の民法大改正に伴う「商法」改正を契機に、絶版となった拙著『はじめての商法（総則・商行為）講義ノート』（関東学院大学出版会、2012年4月刊行）に修正を加えて執筆し直したものです。過去の法学部の講義「商法（総則・商行為）」および法科大学院の講義「商法（基礎）」（2007年以降「企業法総論」）で使用していたプリントを元に、学生の皆さんの「答えが知りたい」という要望に応えて Question（設問）のヒントや解説を加え、はじめての学習に配慮してできる限り分量を抑えるとともに図表や設問を取り入れました。

　皆様が本書の予習、講義出席、復習を繰り返して「読書百篇意自ずから通ず」に等しい成果を得、「商法」が身近なものに感じられるようになれば、著者にとってこの上ない喜びです。Festina Lente !

　頻繁に改正される「商法」のテキストを、学生をはじめとする読者の皆様に出来るだけ手頃な価格で届けたいという著者の要望に応じて下さった現代図書様、そして色々と御配慮下さいました同社編集室の飛山恭子様に心より感謝申し上げます。

2020年4月

関東学院大学 法学部 教授

三原園子

目　次

略語の例

法　令

・「一般社団法人及び一般財団法人に関する法律」	→	一般法人
・「一般社団法人及び一般財団法人に関する法律及び		
公益財団法人の認定等に関する法律の施行に伴う		
関係法律の整備等に関する法律」	→	一般社団法人整備法
・「会社計算規則」	→	会社計規
・「会社法」	→	会社
・「会社法の施行に伴う関係法律の整備等に関する法律」	→	会社整備
・「株式会社の監査等に関する商法の特例に関する法律」	→	商法特例法
・「金融商品取引法」	→	金商
・「公益社団法人及び公益財団法人の認定等に		
関する法律」	→	公益法人
・「国際海上物品運送法」	→	国際海運
・「国際物品売買契約に関する国際連合条約」	→	ウィーン条約
・「国際航空運送についてのある規則の統一に関する条約」	→	ワルソー条約
・「私的独占の禁止及び公正取引の確保に関する法律」	→	独禁法
・「商業登記法」	→	商登
・「商　法」	→	商
・「商法施行規則」	→	商法施規
・「民事訴訟法」	→	民訴
・「民　法」	→	民

判例集

・大審院(民事)判決録	→	民録
・大審院民事判例集、最高裁判所民事判例集	→	民集

・最高裁判所刑事判例集 → 刑集

・最高裁判所裁判集民事 → 集民

・最高裁判所裁判集刑事 → 集刑

・東京高等裁判所民事判決時報 → 東高民時報

・高等裁判所民事判例集 → 高民集

・下級裁判所民事裁判例集 → 下民集

・裁判所時報 → 裁時

・金融・商事判例 → 金判

・法律新聞 → 新聞

・金融法務事情 → 金法

・商事法務 → 商事

・判例時報 → 判時

・判例タイムズ → 判タ

・『新判例マニュアル商法〔総則・商行為法〕』 → 新判例マニュアル

・『別冊ジュリスト 商法判例百選』 → 百選

・『別冊ジュリスト 商法（総則・商行為）判例百選 第5版』 → 百選〔第5版〕

　その他、一般の略語表記の例によって表示しています。

第1章 商法の意義

　　本章では、日本における商法の誕生以来の歴史を概観するとともに、2005 年の商法大改正の概要を把握し、形式的な商法と実質的な商法の違い、法律体系における商法の地位、商事関係に適用される法令等の順位、および「商」が本来有する意味を学びます。

目　次

1.　六法の中の商法

　六法 (憲法、民法、刑法、商法、民事訴訟法、刑事訴訟法) の中に「商法」は入ります。憲法は、国の最高法規です(**憲法98条第1項**)。

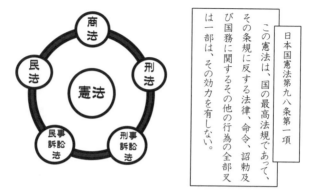

◇**Question 1.** 日本の現行商法は、**今年、何歳**になりましたか**?**

2. 商法の歴史 (関係法令等の制定・改正を含む)

	時　期	事　柄
外国の商法	11世紀	ヨーロッパの「ギルド(同業者組合)」の自治規範
	1673年	フランスの商事条例(Savary 条例)
	1681年	フランスの海事条例
	1807年	フランス商法典=ナポレオン法典(Code de commerce)
	1861年	ドイツ旧商法典(ADHGB: Das allgemeine Handelsgesetzbuch) 制定
	1897年	ドイツ新商法典(HGB: Handelsgesetzbuch für das deutsche Reich) 制定
日本の	1890年 (明治23)	ヘルマン・レスラー氏(Hermann Rösler)が旧商法を起草。全3編(第1編商ノ通則、第2編海商、第3編破産)(編別:フランス法/内容:ADHGB)。← 編別 フランス法系、内容 ADHGB。外国法模倣し過ぎだとの批判を受けて検討。
	1893年	法典調査会(梅謙次郎、岡野敬次郎、田部芳)

商	1899年 （明治32）	商法全面改正(明治32年3月9日法律第48号制定)、(明治32年6月16日施行)全5編689条(第一編総則、第二編会社、第三編商行為、第四編手形、第五編海商)。
法	1911年	200余条の改正
の	1938年 （昭和13）	「手形法」(昭和7年法第20号)・「小切手法」(昭和8年法第57号)の施行(1934年)に伴い「商法 第四編 手形」廃止。
	1938年	有限会社法制定
	1950年	アメリカ法への接近(授権資本制度・取締役会制度の導入)
	1962年	株式会社の計算規定の合理化、明確化
制	1974年	監査役制度の改正(業務監査権の付与)、商法特例法制定。
	1981年	自主的監視機能強化による企業統治、単位株制度導入
定	1990年	最低資本金制度導入(株式会社1000万円、有限会社300万円)、一人会社設立可能(従前は発起人7名が必要)
	1993年	株主代表訴訟制度の拡充、監査役の権限強化
と	1997年	合併制度の簡易化、ストック・オプション制度導入
	1999年	株式交換・株式移転制度導入
改	2000年	会社分割制度導入
	2001年	単元株制度導入、金庫株解禁
	2002年	委員会等設置会社制度導入
正	2003年	法制審議会会社法部会「会社法制の現代化」に関する要綱試案公表(10月22日)
会	2005年	「会社法」案が国会で成立(6月29日)
	2005年	「会社法」(平成17年法86号)公布(7月26日)
	2006年	会社法施行規則(法務12)、会社計算規則(法務13)、電子公告規則公布(法務14)(2月7日)
社	2006年	「会社法」施行(5月1日)

法・関係諸法令等の	2007年	「会社法」一部凍結部分施行（合併対価の柔軟化）（5月1日）
	2008年	「保険法」（法56）公布（商法第3編商行為第十章から独立）（6月6日）
	2008年	「一般社団法人及び一般財団法人に関する法律」（2006年6月2日公布、2008年12月1日施行）
	2009年	株券電子化（ペーパーレス化）を上場会社に義務付け（1月5日）
	2009年	国際物品売買契約に関する国際連合条約（ウィーン条約）（2008年7月7日）が発効（2009年8月1日）
	2010年	「保険法」施行（4月1日）
	2010年	「会社法制の見直しに関する要綱案」決定（8月1日）
	2013年	「会社法制の見直しに関する要綱」国会提出（11月29日）
	2014年	「会社法の一部を改正する法律」および「会社法の一部を改正する法律の施行に伴う関係法律の整備等に関する法律」が通常国会で成立（6月20日）、公布（6月27日） ＜施行＞　公布日から1年6か月以内の政令で定める日
	2014年	「会社法施行規則等の一部を改正する省令」公布（2月6日） 改正民法案国会提出（3月31日）、『『責任ある機関投資家』の諸原則《日本版スチュワードシップ・コード》』（2月26日）策定
	2015年	「民法改正案」国会提出（3月31日）、改正「会社法」施行（5月1日）（改正省令附則第1条）、「日本版スチュワードシップコード」施行（5月1日）。
	2017年	「民法の一部を改正する法律」（平成29年法律第44号）成立（5月26日）、公布（6月2日）、「民法の一部を改正する法律の施行に伴う関係法律の整備等に関する法律」（平成29年法律第45号）成立（5月26日）、公布（6月2日）、「日本版スチュワードシップ・コード」改訂（5月29日）

制	2018年	「商法及び国際海上物品運送法の一部を改正する法律」(平成30年法律第29号) 成立(5月18日)、公布(5月25日)
定	2019年	改正商法施行(4月1日)、「商法及び海上物品運送法の一部を改正する法律」施行(4月1日)
	2019年	改正会社法案を法制審議会会社法部会で決定(2月14日)
	2019年	秋の通常国会会社法改正法案提出(10月16日国会提出)
と	2019年	「会社法の一部を改正する法律の施行に伴う関係法律の整備等に関する法律」(平成29年法律第71号)成立(12月4日)、公布(12月11日)
改	2020年	改正民法施行、改正商法施行(ともに4月1日)、「民法の一部を改正する法律」(平成29年法第44号)および「民法の一部を改正する法律の施行に伴う関係法律の整備等に関する法律」(平成29年法第45号)施行(4月1日)
正	2021年	改正会社法施行予定 ＜施行＞　公布日から1年6か月以内の政令で定める日

3.　平成 17 年(2005年)商法大改正

平成 17 年改正前 商法		新 商法
第一編　総則(第1条〜第51条)		第一編　総則(第1条〜第500条)
第二編　会社(第52条〜第500条)	⇒	**第33条〜第500条削除**
第三編　商行為(第501条〜第683条)		第二編　商行為(第501条〜第683条)
第四編　海商(第684条〜第851条)		第三編　海商(第684条〜第851条)

平成17年改正前 商法（第1編 総則、第2編 会社）

 商法特例法

＝ 新 会社法（平成17年法律第86号）

「会社法」の構成

第1編	総　　則	第1条〜第24条
第2編	**株式会社**	第25条〜第574条
第3編	**持分会社**	第575条〜第675条
第4編	社　　債	第676条〜第742条
第5編	組織変更、合併、会社分割、 株式交換及び株式移転	第743条〜第816条
第6編	外国会社	第817条〜第823条
第7編	雑　　則	第824条〜第959条
第8編	罰　　則	第960条〜第**979**条

会社法の特徴:

カタカナ表記 → ひらがな表記

文語体　　　 → 口語体

枝番号　（例：二八〇条ノ二）

　　　　　　→ 削除（2005年）

　　　　　　→ 復活（2014年）

✍　平成17年（2005年）商法大改正前の「商法」に規定されていた第一編「**総則**」は、新「**商法**」と新「**会社法**」の**両方**の冒頭に重複して置かれることになりました。

◇Question2.　「有限会社」はなくなったの？

> **会社整備**（会社法の施行に伴う関係法律の整備等に関する法律）**第2条第1項**
>
> 　前条第三号の規定による廃止前の有限会社法（以下「旧有限会社法」という。）の規定による有限会社であってこの法律の施行の際現に存在するもの（以下「旧有限会社」という。）は、この法律の施行の日（以下「施行日」という。）以後は、この節の定めるところにより、会社法（平成十七年法律第八十六号）の規定による株式会社として存続するものとする。

> **会社整備　第3条第1項**
>
> 　前条第一項の規定により存続する株式会社は、会社法第六条第二項の規定にかかわらず、その商号中に有限会社という文字を用いなければならない。

4. 平成31年（2019年）4月1日施行改正商法の内容

　明治32年（1899年）の商法制定以来、実質的見直しがほとんどされていなかった「**運送**」「**海商**」（「海商＝海上運送、船舶の衝突、海難救助、海上保険、船舶先取特権等、海事に関する特別な私法上の規律）法制部分の**現代化**を図るとともに、2005年商法改正の際に手つかずで残っていた「片仮名・文語体」表記（**商法545条以下**（「第2編商行為」第5章仲立営業～9章及び「第3編 海商」））を「**平仮名・口語体**」に改め、同時に「国際海上物品運送法」の一部も改正しました。**①** 陸上運送に関する規定（商法第2編第8章）を「**海上運送**」「**航空運送**」「**複合運送**（＝陸・海・空を組み合わせた運送）」にも該当する総合的規律として、「**航空運送**」「**複合運送**」にも**商法**を**適用**すること、**②** 運送人に対する荷送人の**危険物通知義務**や、荷

物の引渡しから１年以内に裁判上の請求が無いと運送人の責任が時効消滅する規定の創設、③ **貨物引換証**の規定の**廃止**、④ 船舶衝突についての不法行為に基づく損害賠償請求権が２年で消滅する規定の創設等、海商全般の規定が整備されました。（以上は、法務省「商法及び国際海上物品運送法の一部を改正する法律について」（2018年6月30日）http://www.moj.go.jp/MINJI/minji07_00219.html に依拠。）

5.　令和２年（2020年）施行改正民法に伴う改正商法施行

「**民法の一部を改正する法律の施行に伴う関係法律の整備等に関する法律**」（平成29年法律第45号）によって「商法」が改正され、施行期日 2020 年４月１日から改正された「民法」「商法」「手形法」等の法律が同時に施行されることとなりました。

民法大改正は、1896 年（明治 29 年 4 月 27 日）に制定され 1898 年に施行されてから**約 120 年**ぶりの抜本的大改正（第3編 債権 を中心に改正）です。

2020 年４月１日施行改正「**商法**」における**重要な変更点**を次に示します。

（1）「削除」された主な規定

　　① 改正前**商法 507 条**〔対話者間における契約の申込み〕、② 改正前**商法 514 条**〔**商事法定利率**〕 年６分（６％／年）、③ 改正前**商法 517 条〜520 条**〔指図債権等の証券の提示と履行場所、有価証券喪失の場合の権利行使方法、有価証券の譲渡方法及び善意取得、取引時間〕、④ 改正前**商法 522 条**〔**商事消滅時効**〕５年。

（2）従来との主な異同

（ア）商事法定利率の引き下げ（変更）

　　法定利率３％（新・民404条1項2項）とし、**3 年毎に見直す変**

動制(新・民404条3項4項)を導入。〔改正前商514条〔商事法定利率6％〕削除〕

(イ) 商事消滅時効期間(2020年4月施行前と**実質**的に**同じ**)

　ビジネス (商取引) では従前と同じく消滅時効期間は**原則5年**(新・民166条1項1号)で、**民法改正による実質的な変更はありません**。商取引では債権の権利行使時期に気づかない事態がほぼ無いと考えられ「**主観的起算点**」が優先されるからです ((ア) の商事法定利率と共に後掲第13章で説明します)。

　なお、2020年4月施行の**改正民法**上、**短期消滅時効**(改正前民170条から174条まで)の規定が**削除**され、**業種毎の区分** (3年：医師の診療報酬・工事請負代金等(改正前民170条1項1号2号)、**2年**：弁護士報酬(改正前民172条)、製造メーカー等の商品代金、教育機関の授業料(改正前民173条1号3号)、**1年**：運送賃、飲食・宿泊料(改正前民174条3号4号)等) が無くなりました。

　ただし、改正前民法173条2号の定める**労働債権**については特別法である労働基準法115条〔**賃金**の時効**2年**〕が優先適用されます。**厚生労働省**の**通達**は、労働債権の消滅時効期間を当面**3年**としています。

(ウ)「**定型約款**」規定の**創設**

　従来商慣習であった「**普通取引約款**」に関する明文の規定を**民法**上に新たに置きました (第1章後述)。

(3) 経過措置

　もっとも、2020年4月改正法**施行前**に**契約**が**締結**されている場合には2020年4月**改正前**の商法・民法等の**法律**が**適用**されます(「民法の一部を改正する法律の施行に伴う関係法律の整備等に関する法律」商法の改正に伴う経過措置、法務省民事局「民法(債権関係)の施行期日について」を参照。)

6. 形式的意義の商法、実質的意義の商法

·商法	·会社法 ·商業登記法 ·手形法·小切手法
形式的意義 の商法	実質的意義 の商法

✍「形式的意義の商法」は、名称が「商法」であるものを、一方、商法として統一的に把握される特定の法域を「実質的意義の商法」といいます。

7. 商法と他の法律との関係 ～ 民法、独禁法、労働法との関係

商法	民法	独禁法	労働法
企業の利害の⇔市民生活の 利害調整	利害調整		
企業間の利害 の調整	⇔	公正で自由な競 争、消費者利益 の保護（第1条）	
被庸者の代理 権の規制		⇔	被庸者の生存、労 働の再生産性

（表は、鴻常夫『商法総則』（弘文堂、新訂第5版、平成11年）23頁-42頁を参照して作成。）

8. 商法の法源

(1) 商事制定法 ① 商法典
（成文法）

② **附属法令**（「商法」を施行又は具体化する法令）

(例) 商法施行法（明治32法49）、商業登記法（昭和38法125）など。

③ **特別法令**（「商法」を補充・変更する独立の法令）

(例) 手形法・小切手法、不正競争防止法（平成5法47）、会社法（平成17法86）、金融商品取引法（昭和2

3法25)、銀行法(昭和56法59)、国際海上物品運送法(昭和32法172)、担保付社債信託法(明治38法52)、保険法(平成20法56)など。

④ 商事条約

(例)「船舶衝突ニ付テノ規定ノ統一ニ関スル条約」(大正3条約1)、「国際航空運送についてのある規則の統一に関する条約」(ワルソー条約)(昭和28条約17)、国際物品売買規約に関する国際連合条約(ウィーン売買条約)(平成20条約8)など。

☞　**条約の国内法上の効力**

　国が締結した条約は、批准・公布によって国内法に適用され、条約の効力は、国内の一般の法律の効力に優位する((参照)**徳島地方裁判所平成8年3月15日判決**(判時1597号115頁))。なお、憲法は、以下の通り定めています。

──**日本国憲法第98条第2項**──────────

　日本国が締結した条約及び確立された国際法規は、これを誠実に遵守することを必要とする。

◇**Question3.　自動執行力のある条約**(self-executing)**条約とは?**

(2) 商慣習法

「商慣習法」とは、慣習であるが、法的確信を有し、法律と同等にまで高められたものをいいます。中には後に法律となるものも

あります（たとえば、後掲の「白地手形」）。

商法 第1条 (趣旨等)

① 商人の営業、商行為その他商事については、他の法律に特別の定めがあるものを除くほか、この法律の定めるところによる。

② 商事に関し、この法律に定めがない事項については商慣習に従い、商慣習がないときは、民法(明治二十九年法律第八十九号) の定めるところによる。

〔大審院で商慣習法として確認された例〕

・**白地手形**（大審院大正15年12月16日判決 民集5巻841頁）

　　☞ 現在は、手形法10条

・**白紙委任状付記名株式の譲渡**（大審院昭和19年2月29日判決 民集 23巻90頁）

特別法は、一般法に優先する。	商法は「商取引・商人に関する法」であり、私人関係を規制する「民法」の特別法に当たります。

(3) 商事自治法 (団体が自主的に定める規則)

① 会社の定款、② 証券取引所の業務規程、③ 手形交換所の手形交換規則、④ 普通取引約款〈普通契約条款〉（「約款」= 大量の取引を迅速・定型的に処理するために特定種類の取引に画一的に適用される詳細・定型的な契約条項。）(例) 鉄道・バスの運送約款、電気・ガスの供給約款、銀行取引約款、倉庫寄託約款、保険約款、インターネットサイトの利用規約など。）（約款を法源として認めるかについて争いがあり、約款の効力が判例によって否定されることが極まれにあります。）

```
┌─────────────────────────────────────────┐
│   2020 年改正民法が商法に及ぼす影響          │
│  約款（定型約款）に関する規定の創設         │
└─────────────────────────────────────────┘
```

① 「定型約款」の定義 ＝（ア）定型取引（（ａ）不特定多数を相手方とする取引で（ｂ）（全部又は一部の）内容の画一性が当事者双方にとって合理的なもの）において、 （イ）契約の内容とする目的をもって特定の者により準備された条項の総体（新・民法548条の2第1項）（従来の普通取引約款）。

② 定型約款を契約の内容とする「合意」があるか、または相手方に「表示」（電車・バスの運送約款等は「公表」だけでよい）していれば定型約款が契約の内容となる（新・民法548条の2）。

③ 不当条項（信義則（民法1条2項）違反）（新・民法548条の2）および（定型約款準備者による約款の）正当事由の無い開示拒否（新・民法548条の3）が契約内容とならないことを明確にした。

（法務省民事局「民法（債権関係）の改正に関する説明資料 — 主な改正事項 — 」31頁、32頁。）

＜ 「約款の拘束力」をめぐる理論 ＞（分類は、蓮井良憲＝森淳二郎編著『商法総則・商行為法（新商法講義1）』（法律文化社、第4版、2006年）161頁-165頁に依拠。）

(イ) 法律行為説 ＝ 一般の契約と同様、当事者が契約内容を知悉し異議がない場合に初めて効力を有すると解する説。

「意思推定理論」（大審院大正4年12月24日判決 民録21輯2182頁、および通説） ☞ 特に反対の意思表示なく契約したときは、反証のない限り、当事者が約款による意思で契約したと推定すべきとする理論。

(ロ) 附合契約説 ＝ 企業が一方的に定めて開示した条項に対して一般公衆が包括承認を与える(附合する)ことによって成立する特殊の契約と解する説。

(ハ) 白地慣習説 ＝ 特定の取引について約款によることを内容とする商慣習(法)の成立が認められる場合に限って約款の適用が可能になると解する説。(鴻常夫教授説)

(ニ) 自治法説 ＝ 団体が自主的に制定する約款に法源性を認める説。

◇Question4. 企業に自己の取引条件に関する法規範を設定する権限は授権されていますか?

以上から法の適用順位は、次の通りです。

```
━━━━━━━ 法の適用順位 ━━━━━━━
① 商事自治法、② 商事条約、③ 商事に関する特別法、
④ 商法典、⑤ 商慣習法、⑥ 民事条約、⑦ 民事特別法、
⑧ 民法典、⑨ 民事慣習法
```

(龍田節著『商法略説』(有斐閣双書、第6版、2000年) 6頁-7頁、井口茂=鷹取信哉著『商法の基礎知識』(自由国民社、最新版、1996年)6頁-7頁、森本滋編『商法総則講義』(成文堂、1996年)25頁(北村雅史)、田中政治=福岡博之共著『例解商法総則・商行為法』(有信堂、1964年)29頁-34頁、森本滋編『商法総則講義』(弘文堂、1996年)25頁(北村雅史)を参照。)

☞ 「法の欠缺(＝空白)」がある場合、解釈によりますが、次にみる判例が一定の役割を果たすことがあります。

(4) 商事判例

最高裁の判例は、日本においても事実上、先例としての**拘束力**を有することは否めません。一方、高等裁判所・地方裁判所の裁判例には一般に法的拘束力は認められないと解されています。(鴻常夫『商法総則』(弘文堂、新訂第5版、1999年)71頁-72頁、中野次雄編『判例とその読み方』(有斐閣、改訂版、2002年) 23頁-24頁)

前掲 (2) **商慣習法** および (4) **商事判例** は「**不文法**」(≠成文法) に属します。

◇**Question 5.** 判例は、**文章**で書かれているのに、**なぜ不文法と呼ばれる**のでしょうか**?**

9. 「商」とは何か

次に「商法」の「商」の意味について考えてみましょう。
(参考) 江戸時代、「士 農 工 商 」に身分が分かれていました。

◇**Question 6.** 「商」が本来**意味**するのは、**第 1 次産業**、**第 2 次産業**、**第 3 次産業**のうち**どれ**でしょうか**?**

<参考> 第1次産業:農林水産業、第2次産業:鉱業・製造業・建設業、
　　　第3次産業:自由業・サービス業 (運輸・通信・金融・商業等)

☞　「**商**」(**ビジネス**) とは、利潤を得る目的で安く仕入れて高く売ることです。高く売れそうだと見込んでコートを 1 着 1000 円で買い付け知人に 5000 円で売る行為を「商行為」と呼び、反復継続することで「商人」になります。次章で検討します。

10. Let's try!

問 商慣習に関する次のアからオまでの各記述のうち，誤っているものを組み合わせたものは，後記1から5までのうちどれか。

ア. 商慣習が民法上の強行規定に優先して適用されることはない。

イ. 商事に関しては，商法に定めがない事項について商慣習があれば，それに従う。

ウ. 契約当事者が商法上の任意規定と異なる慣習に従う旨の合意をしている場合には，それが単なる「事実たる慣習」にすぎないときでも，その慣習が商法上の任意規定に優先する。

エ. 商慣習が法的確信にまで高まっている場合でも，その適用を求める当事者は，訴訟において，その存在及び内容について証明責任を負う。

オ. 判例の趣旨に照らせば，商慣習が商法上の強行規定に優先して適用される場合がある。

1. ア ウ **2.** ア エ **3.** イ ウ **4.** イ オ **5.** エ オ

第1章の復習問題（考えてみましょう）

① 最初に日本の旧商法を起草したドイツ人は誰ですか？

② 商法の本源にはどのようなものがありますか？

③ 形式的意義と実質的意義における商法の違いは何ですか？

④ 手形の記載事項について紛争が生じた場合，どのような法がどのような順序で適用されますか？

⑤ 慣習法の制定法改廃力を認める見解や，現行商法第1条を削除すべきとする学説の見解についてどのように考えますか？

～ ◇Question の ヒント 又は 答え ～

◇**Question 1.** 明治32年生まれですので、計算してみてください。**2.** 平成17年の改正後も**存在**します。平成17年商法大改正に伴い、「**有限会社法**」は**廃止**されましたが、会社としての「**有限会社**」は、特例で名称をそのままに**存続**することできます（整備法第2条 1 項、第3条1項）。**新**たに「有限会社」を**設立**することはできません。**3.** 国内法の規定をまたず、条約の公布のみで締約国の国民相互間の法律関係について法律と同様の効力を持つ条約のこと。（例）の条約は、全てこれに該当します。**4.** 自治法説（法規説）によれば、当然に授権されていると考えられます。**5.** 主文は、「本件上告を棄却する。」など、ほんの数行であることも珍しくはありません。その後、「理由」として長文が続きます。それ故、不文法に分類されているのです。**6.** 第2次、第3次産業。

Let's try！ の 解答

問1 正解 2 （2012年度 新司法試験 短答式試験問題集〔民事系科目〕〔第50問〕、司法試験予備試験 短答式試験問題集〔民法・商法・民事訴訟法〕〔第27問〕）

★☆★ 第1章の主要参考文献 ★☆★ （著者 アイウエオ順）

井口茂=鷹取信哉著『商法の基礎知識』（自由国民社最新版,1996年）6頁-7頁、上柳克郎=北沢正啓=鴻常夫編『商法総則・商行為法』（有斐閣双書,新版,1998年）1頁-30頁、江頭憲治郎著「新会社法制定の意義」ジュリスト1295号（2005年8月）2頁-7頁、江頭憲治郎=小早川光郎=西田典之=高橋宏志=井上正仁=能見善久編『判例六法』（有斐閣, 平成23年度版第1巻,2010年）51頁、落合誠一=大塚龍児=山下友信著『商法Ⅰ総則商行為』（有斐閣,第6版,2019年）5頁-25頁、鴻常夫著『商法総則』（弘文堂,新訂第5版,1999年）1頁-77頁、神田秀樹著『会社法』（弘文堂,第19版,2017年）1頁-12頁,32頁-41頁、岸田雅雄著『ゼミナール商法総則・商行為法入門』（日本経済新聞社,2003年）2頁-7頁,45頁-56頁,384頁-38

5頁、近藤光男著『商法総則・商行為法』(有斐閣,第8版,2019年)3頁-17頁、拙著『はじめての商法(総則・商行為)講義ノート』(関東学院大学出版会、2012年)1頁-7頁、龍田節著『商法略説』(有斐閣双書,第6版,2000年)6頁-7頁、中野次雄著『判例とその読み方』(有斐閣,改訂版,2002年)10頁-28頁、西原寛一著『商法学』(岩波書店,第2版,1965年)10頁-17頁、日本商工会議所=東京商工会議所「速報版120年ぶり民法(債権法)改正の主なポイント」(2017年5月)HP、蓮井良憲=森淳二郎編著『商法総則・商行為法(新商法講義1)』(法律文化社,第4版,2006年)161頁-165頁、弁護士法人泉総合法律事務所「2020年の民法改正による消滅時効の変更点とは？」(2020年2月12日)https://izumi-saimu.jp/column/syokkin/jikou-2019、法務省・平成24年(2012年)司法試験問題「短答式試験民事系科目」http://www.moj.go.jp/content/000098333.pdf,「民事系科目の正解及び配点」http://www.moj.go.jp/content/000098849.pdf、平成24年司法試験 予備試験・短答式試験問題集[民法・商法・民事訴訟法]http://www.moj.go.jp/content/000098150.pdf,「民法・商法・民事訴訟法の正解及び配点」http://www.moj.go.jp/content/000098902.pdf、法務省民事局「商法及び国際海上物品運送法の一部を改正する法律について」(2018年6月30日)http://www.moj.go.jp/MINJI/minji07_00219.html、法務省民事局「民法(債権関係)の改正に関する説明資料-主な改正事項-」31頁,32頁 http://www.moj.go.jp/MINJI/minji07_00231.html、法務省民事局「民法(債権関係)の施行期日について」http://www.moj.go.jp/MINJI/minji06_001070000.html、細川慈子「時効に関する民法改正のポイント」(2020年1月9日)https://businesslawyers.jp/practices/1185

第2章 商法の基本概念

> 本章では、商法がどのような特色を有する法律か、どのような要件を備えると商人となるか、という商法の本質論について学びます。

目 次
1. 商法の特色
2. 商法の中心概念
3. 商人概念

1. 商法の特色

(1)「商的色彩論」と「企業法論」（鴻常夫著『商法総則』(弘文堂、新訂第5版、1999年) 4頁-6頁）

① **「商的色彩論」** とは、最高裁判所長官を務めた **田中耕太郎** 博士（元東大教授）が唱えられた理論であり、大正末年から昭和15年前後までの20年間にわたり商法界を風靡した学説です。

「商的色彩」とは、「商法上の法律事実に通有の **技術的色彩**」であり、具体的には、「**集団性**と **個性喪失の色彩**」であり、「専門化された営利的活動である **投機売買** より演繹することができる特性」である、と定義されました。

② **「企業法論」** は、その後、東京大学教授であった **西原寛一** 博士が唱えられた理論です。

「『商』とは、『企業』である」と説き、『企業』とは「私経済的自己責任負担主義のもとに、継続的意図をもって企画的に経済行為を実行し、これによって国民経済に寄与するとともに（**公共性**）、企業自体およびその構成員の存続発展のため、収益を挙げることを目的とする（**営利性**）、一個の統一ある **独立の経済的生活体** である」と定義されています。

（西原寛一著『商法学』(岩波書店、第2版、1965年) 21頁 - 22頁)

(2) 商法の特色

①　営利性：利益を得ること。

②　反復性・集団性：何回も繰り返す、たくさんの人との取引。

③　非個人性・定型性：例えば電車に乗るとき体重計に乗って料金を決めない。電車賃は、距離によって原則一律同料金。

④　企業維持：途中で破産せず永続的に発展する（going concern（ゴーイング・コンサーン））。

⑤　外観主義：支店長として登記した場合、実際に支店長でなくても営業主には責任が発生する。

⑥　公示主義：必要な事項を登記簿に登記して公衆に明らかにすること。

2.　商法の中心概念 ～ 商行為法主義 対 商人法主義

中心概念	商行為法主義	商人法主義
定　義	商行為に関する法	商人に関する法
考え方	商行為の概念 ↓ 商行為を行うことを業とする者 ↓ 商人	商人概念 ↓ 商人が行う営業に関する行為 ↓ 商行為
主　義	客観主義	主観主義
採用国の法律	フランス革命商法、スペイン商法	1897 年ドイツ新商法（HGB）

◇Question1. 日本の商法は、何主義を採用していますか?

商行為を限定列挙
（商法501条、502条）

ドイツ旧商法典を模範 ↓

商法第4条第1項
この法律において商人とは、自己の名をもって商行為をすることを業とする者をいう。

＋

商法第4条第2項
店舗その他これに類似する設備によって物品を販売することを業とする者又は鉱業を営む者は、商行為を行うことを業としない者であっても、これを商人とみなす。

企業設備に着目

3. 商人概念

(1)「固有の商人」と「擬制商人」

① 「固有の商人」とは、本来の意味での商人、商法第4条第1項の規定する商人のことです。

商法 第4条(定義)第1項

　この法律において、「商人」とは、<u>自己の名をもって</u>　商行為をすることを業とする者をいう。　（下線は著者加筆）

　本条の「自己の名をもって」とは、「行為から生ずる権利義務の帰属主体となること」を、「商行為をすることを業とする」とは、「営利の目的で同種の営業を反復・継続すること」をそれぞれ意味します。

② 「擬制商人」とは、商法第4条第2項に規定する商人を指し、商行為を行わないものの、店舗販売・鉱業を営む者など大規模な「企業設備」に着目して商人とみなされる者のことです。

❸「民事会社」は、平成17年改正前商法第52条第2項に規定されていた商行為を業としない会社ですが、規定が削除され、新商法・新会社法上には存在しません。

参考までに、改正前商法第52条第2項を記載します。

― 2005年改正前商法 第52条第2項＜削除＞ ―――――
営利ヲ目的トスル社団ニシテ本編ノ規定ニ依リ設立シタルモノハ商行為ヲ業トセサルモ之ヲ会社ト看做ス

（民事会社の例）牧畜、養鶏、製塩、貸金業、プロ野球、砂利採取業 等。

◇**Question2.** 農家が畑で採れたものを軒先で売ると商人になりますか**?**

◇**Question3.** 石炭、石油、鉄、マンガン、ニッケルの採掘を行う者は商人ですか**?**

◇**Question4.** 医師、士業の弁護士・行政書士・税理士、または画家は、それぞれ商人ですか**?**

(2)「完全商人」と「小商人」

「**小商人**」とは、小規模な経営を行う者（商7条）であり、小規模経営ゆえに「**登記**」（5条〔未成年者登記〕、6条〔後見人登記〕、第3章〔商業登記〕、11条2項〔商号の登記〕、15条2項〔商号譲渡の登記〕、17条2項前段〔商号譲受人の責任を負わない旨の登記〕、22条〔支配人の登記〕）および「**商業帳簿**」作成（第5章商業帳簿）の義務が次の通り**免除**されます。この点で一般の「**完全商人**」（商4条）と異なります。

商法第7条（小商人）＜2006年法109改正＞

　第五条、前条、次章、第十一条第二項、第十五条第二項、第十七条第二項前段、第五章及び第二十二条の規定は、小商人（商人のうち、法務省令で定めるその営業のために使用する財産の価額が法務省令で定める金額を超えないものをいう。）については、適用しない。

　平成 18 年商法改正によって、<u>営業用財産</u>の年度末貸借対照表計上額が <u>50 万円以下</u>の者に変更されました（改正前は、<u>資本金額</u>が <u>50 万円未満</u>の者）。

商法施行規則 第3条

1　商法第七条に規定する法務省令で定める財産の価額は、営業の用に供する財産につき最終の営業年度に係る貸借対照表（最終の営業年度がない場合にあっては、開業時における貸借対照表）に計上した額とする。
2　商法第七条に規定する法務省令で定める金額は、<u>五十万円</u>とする。　（下線は筆者加筆）

（参考）消費税法上の免税業者 ＝ 課税売上高 1000 万円以下の者
　　　　　　　　　　　　　　　　　　（消費税法第9条）

◇**Question5.**　**商業登記・商号・商業帳簿に関する規定**は、「**小商人**」に**適用**されますか**?**

◇**Question6.**　「**固有の商人**」「**擬制商人**」は、それぞれ「**小商人**」となり得ますか**?**

```
┌─────────────────────────────────────────────┐
│        第2章の復習問題 (考えてみましょう)        │
└─────────────────────────────────────────────┘
```

① 「商行為法主義」と「商人法主義」の違いは何ですか？

② 「商的色彩論」と「企業法論」の違いは何ですか？

③ 「固有の商人」と「擬制商人」の違いは何ですか？

④ 「小商人」とは何ですか？

〈時間があったら読んでみましょう〉

・正井章筰「商法とは何か」ジュリスト1155号(1999年5月) 62頁-68頁。

・弥永真生「商的色彩論の現代的意義」法律時報71巻7号(1999年6月)
38頁-42頁。

～ ◇Question の ヒント 又は 答え ～

◇**Question 1.** 折衷主義。**2.** 店舗販売を行う者として商人となり得ます。**3.** 鉱業を営む者として商人となります。**4.** 歴史的に見て自由職業についている者は、営利目的を有していないと解釈されてきましたが、株式会社等を営む場合は、例外です。**5.** 商法第11条第1項を除いて適用されません。**6.** 両者とも小商人になり得ます。ただし、鉱業を営む場合にはその規模から無理があると言えるでしょう。

★☆★ 第2章の主要参考文献 ★☆★ （著者 アイウエオ順）

上柳克郎=北沢正啓=鴻常夫編『商法総則・商行為法』(有斐閣双書,新版,1998年)9頁-14頁,31頁-34頁、鴻常夫著『商法総則』(弘文堂,新訂第5版,1999年) 1頁-22頁,101頁-108頁、落合誠一=大塚龍児=山下友信著『商法Ⅰ総則商行為』(有斐閣,第6版,2019年)27頁-34頁、同『商法Ⅰ総則商行為』(有斐閣,第4版,2009年)27頁-34頁、岸田雅雄著『ゼミナール商法総則・商行為法入門』(日本経済新聞社,2003年) 13頁-21頁、近藤光男著『商法総

則・商行為法』(有斐閣,第8版,2019年) 7頁-8頁,18頁-24頁、拙著『はじめての商法(総則・商行為)講義ノート』(関東学院大学出版会,2012年)8頁-10頁、田中耕太郎著『商法学一般理論』(新青出版,復刻版,1993年)1頁以下、田中誠二=福岡博之共著『例解商法総則・商行為法』(有信堂,1964年)3頁-15頁、西原寛一著『商法学』(岩波書店,第2版,1965年)21頁-22頁、正井章笮「商法とは何か」ジュリスト1155号(1999年5月)62頁-68頁、弥永真生稿「商的色彩論の現代的意義」法律時報71巻7号(1999年)38頁-42頁、弥永真生著『リーガルマインド商法総則・商行為法』(有斐閣,第2版補訂版,2007年)17頁-18頁。

第3章 商行為の区分

　本章では、「商行為」にはどのようなものがあり、それぞれどのような特徴を有しているか、具体的にどのようなことが当てはまるかについて、基本となる「絶対的商行為」および「営業的商行為」のほか、補助的な商行為とされる「附属的商行為」の内容を詳しく学びます。

目　次

1. **商行為の区分**
2. **絶対的商行為**
3. **営業的商行為**
4. **附属的商行為**
5. **Let's try !**

1. 商行為の区分

　商行為は、次の図の通り「**絶対的商行為**」（商501条）、「**営業的商行為**」（商502条）、「**附属的商行為**」（商503条）の3つに分類されます。

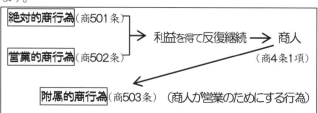

　上記の3つの商行為の性質を表にすると次のとおりです。

商行為	定　義	条　文	具体例
絶対的 商行為	営利性が強く1回で商行為となる行為	商501条	投機購買、 株券譲渡
営業的 商行為	営利目的で反復・継続してはじめて商行為となる行為	商502条	運送業、クリーニング業、写真屋さん
附属的 商行為	商人が営業のためにする行為	商503条1項	従業員の雇入れ、営業資金の借入れ

2.　絶対的商行為

　絶対的商行為は、**営利性**が強く、1回行っただけで商行為となる行為です。ただし、商人(商4条1項)となるには、絶対的商行為であっても、利益を得て反復・継続することが必要になります。

商法　第501条（絶対的商行為）

　次に掲げる行為は、商行為とする。
　一　利益を得て譲渡する意思をもってする動産、不動産若しくは有価
　　　証券の有償取得又はその取得したものの譲渡を目的とする行為
　二　他人から取得する動産又は有価証券の供給契約及びその
　　　履行のためにする有償取得を目的とする行為
　三　取引所においてする取引
　四　手形その他の商業証券に関する行為

（1）投機購買とその実行行為（商501条1号）

　これは、安値で取得（**投機購買**）したものを高値で譲渡（**実行行**

為）して差額を利得する行為です。

　　＜典型例＞　売　買　　☞　投機の目的 ＝ 所有権の移転

※対象物：動産・不動産・有価証券（原始取得（農・林・水産・鉱業等）を除く。）

（2）投機売却とその実行行為（商501条2号）

　これは、先に高値で動産（金・とうもろこし等）または有価証券の売買契約を締結（**投機売却**）して後から安値で取得し（**実行行為**）その履行に当てて差額を利得する行為であり、いわゆる「商品先物取引」が該当します。予め一定の日に商品を引き渡す旨の売買契約をして後から仕入れをするため、仕入れ時の商品の価格が高騰した場合に損をすることになり、常に危険が伴います。

※　対象物：動産、有価証券

◇Question1.　なぜ**不動産**は、**商法501条2号**の**対象外**となっていると考えられますか**？**

（3）取引所においてする行為（商501条3号）

　これは、商品取引所、証券取引所 等で行う取引です。

☞　取引できる者は、取引所会員に限定されます。

取引所における売買の技術性、定型性、大量性および極度の資本主義的性格から、絶対的商行為とされています。

（4）手形その他の商業証券に関する行為（商501条4号）

「**手形**」＝ 為替手形・約束手形

「**その他の商業証券**」＝ 株券・社債券・運送証券・倉庫証券 等。

※ 「商業証券に関する行為」＝ ＜通説＞ 証券の発行・裏書・
引き受け等の行為。

ただし実際には「手形法」「小切手法」等の「特別法」が存在するため、商法第501条第4号の規定は、機能を果たしていません。

3.　営業的商行為

営業的商行為は、**営利の目的**で**反復・継続**して行われてはじめて商行為となる行為です。**商法 502 条**（**限定列挙**(13 個)）および信託法・無尽業法に規定するものが対象となります。ただし、もっぱら賃金を得る目的で物を製造または労務に服する者（手内職者）の行為は、あまりにも小規模であるため除かれています（商 502条但書）。

（1）投機貸借とその実行行為（商502条1号）

⇔ 商法 501 条 1 号と対比して考えましょう。

＜典型例＞貸衣装、レンタカー　☞ 投機の目的：「物の利用」

⇔ 商法 501 条 1 号：「所有権の移転」

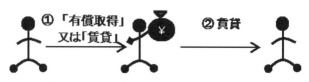

対象物：動産、不動産

◇**Question2.** **なぜ有価証券は、第502条第1号の目的物ではないのでしょうか?**

┌─ **商法 第502条（営業的商行為）** ──────────

次に掲げる行為は、営業としてするときは、商行為とする。ただし、専ら賃金を得る目的で物を製造し、又は労務に従事する者の行為は、この限りでない。

一　賃貸する意思をもってする動産若しくは不動産の有償取得若しくは賃借又はその取得し若しくは賃借したものの賃貸を目的とする行為

二　他人のためにする製造又は加工に関する行為

三　電気又はガスの供給に関する行為

四　運送に関する行為

五　作業又は労務の請負

六　出版、印刷又は撮影に関する行為

七　客の来集を目的とする場屋における取引

八　両替その他の銀行取引

九　保険

十　寄託の引受け

十一　仲立ち又は取次ぎに関する行為

十二　商行為の代理の引受け

十三　信託の引受け

(2) 他人のための製造・加工(商502条2号)： 製造・加工して報酬
を得る契約。

① 材料を仕入れるか又は他人の計算で材料を仕入れ、

② 製造・加工して報酬を得る行為。

＊　**製造**とは？→ 材料を全く異なる物とすること。

（例）紡績（糸から生地を作る）、酒類醸造（米から酒を造る）等。

＊　**加工**とは？→ 物の同一性を失わない程度で材料に変更を加
えること。

（例）染色（布を染める）、洗濯（洋服の形状はそのままで汚れ
のみを取り除く）。

(3) 電気・ガスの供給(商502条3号)：電気又はガスの継続的供給
を約する行為

・設備の賃貸を伴わないとき：売買

・設備の賃貸を伴うとき：売買と賃貸借の混合契約

（昭和10年の商法改正要綱は、水の供給契約も加えようとしていました。）

◇**Question3.　NTT**の行う**電話サービス**は、**電気・ガスの供給に関
する行為**に**該当**しますか**?**

(4) 運送(商502条4号)： 物（物品運送）又は人（旅客運送）を一
定の場所から他の場所に移動させるこ
とを引き受ける行為。陸上・海上・空中
を問いません。

◇**Question4.**「曳船」は、「運送」に当たりますか**?**

(5) 作業・労務の請負（商502条5号）

　　　「作業の請負」とは？：不動産上の工事：家屋建築、整地、
　　　　　　　　　　　　　　　鉄道の敷設等の作業の請負。
　　　「労務の請負」とは？：作業員その他の労働者の供給を請け
　　　　　　　　　　　　　　　負う行為。

◇**Question5.**　営利的な**労働者供給事業**は、これに**該当**しますか**?**

(6) 出版・印刷・撮影（商502条6号）

・**出版**：文書・図画（= レコード・CD を含む）を複製して頒
　　　　　布（有償無償を問わず複製物の公衆に対する譲渡または貸
　　　　　与）する行為。　（例）新聞社、出版社
・**印刷**：(肉筆以外の) 機械または科学力による文書・図画の
　　　　　複製を引き受ける行為（CD/・ビデオの複製も広義の
　　　　　印刷に含まれます）。（例）コピー屋さん、印刷業者
・**撮影**：写真の撮影を引き受ける行為。　（例）写真館

◇**Question6.**　**興信所**または**通信社**は、**商法502条6号の出版・**
　　　　　　　　印刷・撮影に**該当**しますか**?**

(7) 客の来集を目的とする場屋における取引（商502条7号）

　これは、公衆の来集に適した物的・人的設備を配置してその施
設を利用させる行為です。

（例）旅館、飲食店（レストラン）、浴場、理髪店、劇場、旅館（ホテル）、有料遊園地など。

これらを規制する法律 ＝ 旅館業法、風俗営業法、理容法など。

◇Question7.　理髪店は、場屋取引に該当しますか？

（参照）大判昭和12年11月26日民集16巻1681頁は、理髪店を営むYが理髪業をXに譲渡した後、新たに理髪業を開始したことから、XがYに対して競業の禁止と損害賠償を求めた事件。

(8)　両替その他の銀行取引（商502条8号）

＝ 金銭 又は 有価証券の転換を媒介する行為。

銀行 : 受信・与信の両方を行う**金融業者**（銀行法3条）

☞「**受信**」行為すなわち**預金の預け入れ**を受けない業者は、銀行とは言えません。それゆえ、特定の者から資金を借り入れて不特定の者に貸し出しを行う**貸金業者・リース業者**は、「**ノンバンク**」と呼ばれています。但し、会社組織である場合には、商行為になります。

◇Question8.　質屋の金銭貸付行為は、銀行取引に当たりますか？

（参考）最高裁昭和50年6月27日第三小法廷判決集民115号167頁、
　　　金判466号13頁＜百選28事件＞

「質屋営業者の金員貸付行為は、商法五〇二条八号の銀行取引にあ
たらないと解するのが相当である…」

(9) 保険（商502条9号）：保険者が保険契約者から対価を受け
　　　　　　　　　　　　　取って保険を引き受ける行為。

　保険は、いざという時のために同じ危険のあるたくさんの人が
お金を出し合って共通の財産を形成し、保険事故が発生したとき
にその財産で補う制度です。

　　　商法の対象：○ 営利保険　× 相互保険　× 社会保険

　今から120年以上前にできた商法が対象としているのは、営利
保険と呼ばれる特殊なものであり、営業者の計算（出捐＝お金を
出すこと）で保険を行うものです（生命保険・損害保険の両方があ
ります）。一方、相互保険である通常の「生命保険」、または年金
などの「社会保険」は、商法502条9号の対象外とされています。

(10) 寄託の引受ナ（商502条10号）：他人のために物の保管を引
　　　　　　　　　　　　　　　　き受ける行為
　　　　　　　　　　　　　　　　（例）倉庫営業者の行為

◇Question9.　銀行預金は、「寄託の引受ナ」に当たりますか?

・金銭消費寄託契約（民657条）☞ 受寄者が受寄物を消費し、同種
　　　　　　↕　　　　　　　　　　同等・同量のものを返還します。
・金銭消費貸借契約（民587条）☞ 期限までに返せと言えません。

(11) 仲立ち又は取次ぎに関する行為（商502条11号）

* **仲立ち**に関する行為＝他人間の法律行為の<u>媒介</u>を引き受ける行為

(例) 商法上の仲立人、民事仲立人、媒介代理商の行為

* **取次ぎ**に関する行為＝自己の名をもって他人の計算で法律行為をなすことを引き受ける行為

(例) 問屋（商551条）、準問屋（商558条）、運送取扱人（商559条）

(12) 商行為の代理の引受け（商502条12号）

これは、委託者のために商行為となる行為の代理を引き受ける行為です。　（例）締約代理商、旅行代理店

(13) 信託の引受け（商502条13号）

「信託の引受け」を営業としてなすときは商行為となります（信託業法2条）。

　☞　江戸時代に普及した無尽（頼母子講）（＝一定の期日を決めて頼母子講の構成員が掛金を出して抽選などによって時期ごとに当選者を決め、全員がもらい終えると終了する組織）がこれに当たります。

4.　附属的商行為

商人が**営業のためにする**（手段的）行為のことを**附属的商行為**と言います（商503条1項）。

　附属的商行為自体は、営利性を有しません。⇔ 商人の営業の目的たる行為

商法 第503条（附属的商行為）
1　商人がその営業のためにする行為は、商行為とする。
2　商人の行為は、その営業のためにするものと推定する。

× 身分的行為

○ 財産法的行為（債権的行為に限定）

○ 事務管理も入る（法律的行為以外も）

＊「**営業のためにする行為**」は次の3つに分かれます。

（あ）営業自体の遂行行為　☞（例）商人が商品の配送を依頼。

（い）営業補助行為　　　　☞（例）資金の借入れ、商品に保険
　　　　　　　　　　　　　　　　をかける、従業員の雇入れ。

（う）営業を有利に導く行為 ☞（例）得意先への中元・歳暮、金
　　　　　　　　　　　　　　　　銭立替。

　🖐 附属的商行為は、現在行っている営業のための行為だけで
　　はなく、開業に至るまでの開業準備行為、閉業した後の**営業**
　　の後始末も含みます。

◇**Question10. 会社の行為**は**附属的商行為**ですか**？**

◇**Question11. 個人商人**が**個人的理由**で**資金**を**借り入れ**た場合は
　　　　　　　　附属的商行為に**該当**しますか**？**

◇**Question12.** 購入した**物**に**加工**を加えてこれを**販売**した場合、
　　　　　　　　「**投機購買とその実行行為**」に**該当**しますか**？**

（参考）大審院昭和4年9月28日第三民事部判決民集8巻769頁＜百選27事件＞

「〔旧〕商法第二六三條第一號〔現行商法501条1号〕ハ利益ヲ得テ讓渡ス意思ヲ以テスル動産ノ有償取得又ハ其ノ取得シタルモノノ讓渡ヲ目的トスル行為ヲ商行為ナリト規定シ右法條ハ此等行為ニ付必シモ其ノ取得シタルモノヲ其ノ儘他ニ讓渡スルコトヲ要件ト為ササルノミナラス讓受タル物品ヲ其ノ儘讓渡スルニ依リ利ヲ圖ルト之ニ加工ヲ為シ或ハ之ヲ原料シテ他ノ物品ヲ製造シ讓渡シテ以テ利益ヲ營ムトニ因リ特ニ其ノ商行為タルト否トヲ區別スヘキ理由ヲ認メ得サルヲ以テ右法條所定ノ商行為ハ前記ノ如ク土ヲ買入レ之ヲ以テ瓦ヲ製造販賣スルカ如キ營利行為ヲモ包含スルモノト解スルヲ相當トシ…」

☆　講義中の質問にお答えします。　　☆。・・。☆。・・。☆。

　　商法第501条第3号に規定する「取引所においてする取引」を行うのは、証券取引所会員である証券会社です。ですから、一般の私達が証券会社を通じて株を購入する行為自体は、当該取引には該当しません。一方、商法第551条以下の問屋営業の規定は、証券会社と取引する私達にも適用されます。

　　では、私達が証券会社を介さずに個人間で株を売買する場合には、商法第501条の絶対的商行為とはならないのでしょうか？この場合には、商法第501条第1号の「投機購買およびその実行行為」に該当します。もちろん、同条第1号の目的物には有価証券も含まれます。

　　　☆。・・。☆。・・。☆。・・。☆。・・。☆。・・。☆。・・。☆。・・。☆

5. Let's try !

問 会社でないものの行為に関する次の1から5までの記述のうち、誤っているものはどれか。

1. 電器部品の製造・販売業者が製品を販売する行為は、商行為である。
2. 旅館業を営む者が無償で客を送迎することを引き受ける行為は、商行為である。
3. 結婚の媒介を引き受ける行為は、営業としてするときは、商行為となる。
4. 貸金業者による貸付行為は、営業としてするときは、商行為となる。
5. 商人が従業員を雇い入れる行為は、商行為である。

〜 ◇Question の ヒント 又は 答え 〜

◇Question 1. たとえば、Aさんの所有する○○1丁目1番1号の土地の売買契約をBとCとの間で結んだとしても、Aさんがこの土地を売らないと言えば、BC間の売買契約は実行できないため。**2.** 投機貸借の目的に合致しないため、商法502条1号の「動産」から除くと解されています。ただし、実際には、証券金融会社において、証券取引所の正会員である証券会社に対する有価証券の貸し付けが行われていることから、商法502条1号の「動産」に有価証券が含まれると解する説も一考に値するといえます。**3.** 商法が制定された当時から限定列挙であり、水・冷気・電波・放送(有線放送)・地域冷暖房等の供給契約は、商法502条3号の「電気・ガスの供給に関する行為」には該当しません。但し、電波法等、他の特別法で規制されています。**4.** 当たらな

いと解されます。なぜなら、物品運送においては、運送品が運送人の「保管」に属することが必要と解されていますが、曳船が被曳船をひく場合には、物の移動を目的とする請負契約でしかないからです。但し、鉄道営業法、航空法等、特別法で規制されます。**5.** 従来は、労働組合法による労働組合が厚生労働大臣の許可を受けて無料で行うことのみが認められ、営利目的で行うことができず、1986年7月1日施行の労働者派遣事業法（「労働者派遣事業の適正な運営の確保及び派遣労働者の保護等に関する法律」（昭和60・7・5法88）に基づくものを除いて禁止されていましたが、現在では同法の度重なる改正によってほとんどすべての業種について人材派遣ができるようになっています（但し、港湾運送業務・建設業務・警備業を除く（労働者派遣事業法4条1項1号〜3号、3項））。**6.** それぞれ信用調査を行うことを業とする者、報道を引き受けることを業とする者であり、該当しないと解されています。**7.** 判例は、理髪店が理髪（加工）のための設備であって、客に利用させるための設備（場屋）には当たらないと解しています。一方、学説は、理髪店が場屋に当たると解するのが多数です。**8.** 当たりません（最判昭和50年6月27日集民115号167頁、金判466号13頁）。**9.** 金銭消費寄託契約（民657条）は、受寄者が受寄物を消費し、同種・同等・同量のものを返還する契約である一方、金銭消費貸借契約（民587条）では期限までに返せと言えないことを理由に、金銭消費寄託契約であると解するのが多数説です。**10.** 会社の行為は、営業を離れて存在しないので、営業の目的である行為以外すべて附属的商行為となると解されます。**11.** 取引の安全を図るため、商人の行為は、その営業のためにするものと推定されます（商503条2項）。したがって、商行為性を否定しようとする個人商人が営業のためにしたものでないことを証明しなければなりません。**12.** 該当します（大審院昭和4年9月28日判決民集8巻769頁）。

＃ Let's try! の解答 ＃

正解　4　（2006年 新司法試験 短答式試験問題集〔民事系科目〕〔第51問〕）

〔理由〕1は、絶対的商行為（商501条1号）、2は、附属的商行為（商503条1項）、3は、仲立ちに関する行為（商502条11号）、4 貸金業者による貸付行為は、商法502条8号の両替その他の銀行取引には当たりません。5は、附属的商行為と推定されます（商503条2項）。

★☆★ 第3章の主要参考文献 ★☆★ （著者 アイウエオ順）

上柳克郎＝北沢正啓＝鴻常夫編『商法総則・商行為法』（有斐閣双書,新版,1998年）135頁-149頁、江頭憲治郎＝山下友信編『別冊ジュリスト 商法（総則・商行為）判例百選』（有斐閣,第5版,2008年）33事件〔末永敏和〕・35事件〔松井秀征〕68頁-69頁,72頁-73頁、神作裕之＝藤田友敬 編『別冊ジュリスト商法判例百選』（有斐閣,第6版,2019年）27事件〔久保田安彦〕・28事件〔松井秀征〕56頁-59頁、落合誠一＝大塚龍児＝山下友信著『商法Ⅰ総則商行為』（有斐閣,第6版,2019年）144頁-148頁、同『商法Ⅰ総則商行為』（有斐閣,第4版,2009年）134頁-139頁、鴻常夫著『商法総則』（弘文堂,新訂第5版,1999年）81頁-100頁、近藤光男著『商法総則・商行為法』（有斐閣,第8版,2019年）28頁-38頁、同『商法総則・商行為法』（有斐閣,第5版補訂版,2008年）26頁-37頁、岸田雅雄著『ゼミナール商法総則・商行為法入門』（日本経済新聞社,2003年）26頁-44頁、商事法務編『タクティクスアドバンス2011商法』（商事法務,2011年）48頁-49頁、拙著『はじめての商法（総則・商行為）講義ノート』（関東学院大学出版会,2012年）11頁-18頁、法学セミナー編集部代表編『新司法試験の問題と解説2006』（日本評論社,2006年）172頁-173頁、法務省 HP 平成18年新司法試験問題短答式試験問題集〔民事系科目〕http://www.moj.go.jp/content/000006518.pdf,正解及び配点 http://www.moj.go.jp/content/000006530.pdf、弥永真生著『リーガルマインド商法総則・商行為法』（有斐閣,第2版補訂版,2007年）3頁-18頁。

第4章 商人の意義、商人資格の得喪

本章では、前章で学んだ「商行為」をふまえ、どのような行為を行った段階から「商人」として認められることになるかを学ぶとともに、自然人と対比される法人がどのような場合に商人と認められるか、また取引の当事者の一方が商人であって相手方が違う場合にはどうなるか、について学びます。

目 次
1. 商人資格の取得時期
2. 法人の商人性
3. 一方的商行為 対 双方的商行為

1. 商人資格の取得時期
(1) 自然人の商人資格

　　自然人（＝会社等の法人ではない個人）がいつから**個人事業主**（**商人**）としてビジネスを行うようになるか（＝いわゆる「商人資格の取得時期」）は、営業のために行う行為が**附属的商行為**（商503条1項）として認定されるか否か（まず商法と民法の内のどちらが適用されるか）を決める際の判断基準となります。

◇Question1. 商人は、いつから「自己の名をもって商行為をする」と言えますか? 次のそれぞれの**学説の違い**を考えてみましょう。

(イ) 商人資格の取得時期

　　商人資格の取得時期に関する判例・学説は、次の5つに大

きく分類されます。

段階	学説・判例	要件	具体例
1	営業意思主観的実現説	営業意思が主観的に実現した段階	全ての準備行為（=附属的商行為）
2	準備行為自体の性質による営業意思客観的認識可能説	開業準備行為の性質によって営業意思の存在を客観的に認識可能な段階	○営業所の借受け ×営業資金借入れ
3	営業意思客観的認識可能説	営業意思が外部から客観的に認識可能な段階	開業準備行為 × 金銭借入れ、日用品購入
4	表白行為説	営業の意思を外部に公表した段階	店舗の開設、公告等
5	〔段階説〕 段階1	＝ 相手方は、商人資格・附属的商行為性を主張できる。	
	段階2・3	＝ 行為者も商人資格・附属的商行為性を主張できる。	
	段階4	＝ 附属的商行為の推定（商503条2項）が生じる。	

（表は、上柳克郎＝北沢正啓＝鴻常夫編『商法総則・商行為法』（有斐閣双書,新版,1998年）36頁-37頁等を参照して作成。）

◇**Question2.**　次の**大正14年、昭和33年**および**昭和47年判決**は、**それぞれ何説**を**採用**したと考えられますか**?**

大審院大正14年2月10日判決民集4巻56頁

「商人トハ自己ノ名ヲ以テ商行為ヲ為スヲ業トスル者ヲ云フ従テ少クトモ
一回ノ商行為ヲ為スコトハ商人資格発生ノ要件ニ非サレトモ商人タル資
格ノ発生スルニハ商行為ヲ為スヲ業トスルノ意思ヲ外部ニ発表スルコトヲ
要スルモノト解スヘキモノトス」

最高裁昭和33年6月19日第一小法廷判決民集12巻10号1575頁
＜百選2事件＞

「…営業の準備行為と認め且つ特定の営業を開始する目的で、その準
備行為をなした者は、その行為により営業を開始する意思を実現したもの
でこれにより商人たる資格を取得すべく、その準備行為もまた商人がその
営業のためにする行為として商行為となるものとした判断は、正当であっ
て、論旨はすべて採るを得ない。」

最高裁昭和47年2月24日判決民集26巻1号172頁
（事実の概要）

　　① Yが映画館開業の準備金とする旨を告げXから金銭借入れ。

　　② XがYに対して貸金返還請求訴訟を提起。

　　③ Yは、5年の商事時効を援用して〔改正前商522条〕支払拒絶。

Y ──────────────────────────→ Y

（判旨）

「特定の営業を開始する目的でその準備行為をした者は、その行為により
営業を開始する意思を実現したものであって、これにより商人たる資格を
取得するのであるから、その準備行為もまた商人がその営業のためにす
る行為として商行為となるものであることは、当裁判所の判例とするところ
である（最高裁判所昭和三二年(オ)第一一八三号、同三三年六月一九日
第一小法廷判決、民集一二巻一〇号一五七五頁参照）。

…その準備行為は、相手方はもとよりそれ以外の者にも客観的に開業準備行為と認められうるものであることを要すると解すべきところ、単に金銭を借入れるごとき行為は、特段の事情のないかぎり、その外形からはその行為がいかなる目的でなされるものであるかを知ることができないから、その行為者の主観的目的のみによつて直ちにこれを開業準備行為であるとすることはできない。もつとも、その場合においても、取引の相手方が、この事情を知悉している場合には、開業準備行為としてこれに商行為性を認めるのが相当である。ところで、本件において…上告人は、被上告人に対し本件金員を貸与するにあたつては、被上告人が映画館開業の準備資金としてこれを借り受けるものであることを知悉していたというのであつて、右事実認定は原判決挙示の証拠に照らして肯認することができるから、右消費貸借契約を商行為として、これに商法五二二条を適用した原審の判断は相当であつて、原判決に所論の違法はない。」(上柳克郎=北沢正啓=鴻常夫編『商法総則・商行為法』(有斐閣双書,新版1998年)37頁およびく商法判例百選2事件解説>を参照。)

(ロ)商人資格の喪失時期 : 営業終了 + 後始末 (残務処理) 終了

◇Question3. 後始末(残務処理)は、どの商行為に当たりますか?

2. 法人の商人性

次のそれぞれの法人の存在目的が営利性と相容れないかを考えてみましょう。

(1) 営利法人
  * 会社とは?

── 会社法　第2条（定義）──
一　会社　株式会社、合名会社、合資会社又は合同会社をいう。

◇Question4. 新「会社法」は、商行為法主義および商人法主義のうちのどちらを採用したと考えられますか？

── 会社法　第5条（商行為）──
　会社（外国会社を含む。次条第一項、第八条及び第九条において同じ。）がその事業としてする行為及びその事業のためにする行為は、商行為とする。

（参考）

── 改正前商法　第52条第1項＜2005年商法大改正で削除＞──
　本法ニ於テ会社トハ商行為ヲ為スヲ業トスル目的ヲ以テ設立シタル社団ヲ謂フ

　会社法は、下記①②に関する規定を**削除**して③のみ**残**しましたが、解釈上、①②の性質も 2005 年改正前商法から**会社法**に**引き継がれ**たと解されています。

①　**営利性**〔改正前商52条1項〕：利潤の獲得 ＋ 分配

②　**社団性**〔改正前商52条1項・2項〕：2 人以上の人の集まり⇔民法上の組合（民667-688条）

③　**法人性**「会社は、法人とする。」(会3条)〔=改正前商54条1項〕⇔**自然人**「私権の享有は、出生に始まる。」(民3条1項)

（2）　公益法人：学術、技芸、慈善、祭祀、宗教その他の公益を目的とする法人（民33条2項）

（例）学校法人、社会福祉法人、宗教法人等＜**許可主義**＞

◇**Question5.** 神社が**絵葉書**を**売った**場合、**商行為**となりますか**?**

(3) 中性的法人：目的が公益でも営利でもない法人。

　　（例）協同組合、労働組合、相互保険会社

◇**Question6.** **信用協同組合**は、**商人**ですか**?**

(4) 中間法人・一般法人

　平成18年(2006年)の「一般社団法人及び一般財団法人に関する法律」（平成18年6月2日法48）公布に伴って「中間法人法」（2001年6月公布、2002年4月施行）が廃止され（一般社団法人整備法1条）、従来の「中間法人」に該当する社団（一般法人2条1号）は、「行政庁による公益認定（公益法人4条）を受けない一般社団法人」（一般法人22条、一般法人整備法1条、2条）となりました。すなわち、従来の「中間法人」に該当する社団の設立には、定款の作成（一般法人10条）＋公証人の認証（同法13条）（公益法人4条）＋設立登記（同法22条）によってできる準則主義が採用され、主務官庁の許可が不要となりました。また、公益事業を目的としない財団法人も、定款の作成（一般法人152条）＋公証人の認証（同法155条）＋設立登記（同法163条）によって設立できるようになり（一般法人2条1号・3号）、「行政庁による公益認定を受けない一般財団法人」として主務官庁の許可が不要です。

　従来の「中間法人」は、次の通り定義されていました。

┌─旧中間法人法第2条第1号＜廃止＞─────────────
│ 社員に共通の利益を図ることを目的とし、かつ、剰余金を社員に**分**
│**配**することを**目的としない**社団
└─────────────────────────────────────

（中間法人の例）同窓会、県人会、ゴルフクラブなどの諸団体
　　　　　　　　（= 権利能力なき社団）
　　　　　　　　　　　⇔ 営利法人:出資・剰余金分配請求権・財産払
　　　　　　　　　　　　　戻請求権共に有り。

　☞ 一般社団法人・一般財団法人ともに営利目的を有しません
　が、商行為を行うことは可能です。

（5）公法人: 国および**地方公共団体**(地方自治2条1項)
　　（例）市営バス、市営地下鉄 等。

◇Question7. 国または**地方公共団体**は、**商行為を行う**ことが**でき
ますか?**

（6）特殊法人: 特別法によって設立された法人。
　　　　　　　　＜目的＞ 公共的性質
　　（例）独立行政法人住宅金融支援機構、中小企業金融公庫、
　　　　農林中央金庫、日本銀行。☞ 日本銀行は、日銀法に
　　　　基づいて設立された中央銀行（資本金 1 億円）で 1983
　　　　年からジャスダックに上場しています。

（7）NPO法人（Non Profit Organization）
　　特定非営利活動促進法(平成10年3月25日法7)(通称:NPO法)
　　は、ボランティア活動をはじめ市民が行う自由な社会貢献活動

の健全な発展をもって公益の促進に寄与することを目的とする法律です(NPO法1条)。

「特定非営利活動」とは、不特定かつ多数のものの利益の増進に寄与することを目的とし、かつ①保健・医療・福祉の増進、②社会教育の推進、③まちづくりの推進、④観光の振興、⑤農山漁村・中山間地域の振興、⑥学術・文化・芸術・スポーツの振興、⑦環境の保全、⑧災害救援、⑨地域安全、⑩人権の擁護、平和の推進、⑪国際協力、⑫男女共同参画社会の形成の促進、⑬子どもの健全育成、⑭情報化社会の発展、⑮科学技術の振興、⑯経済活動の活性化、⑰職業能力の開発、雇用機会の拡充の支援、⑱消費者の保護、⑲①〜⑱の活動を行う団体の運営・活動に関する連絡・助言・援助、⑳これらに準ずる活動として都道府県または指定都市条例で定める活動、のうちのいずれかの活動を言います(NPO法2条)。

◇**Question8. Non Profit** とは?
◇**Question9. NPO法人をつくる**には?

3. 一方的商行為 対 双方的商行為

一方的商行為
| 商人 | 対 | 非商人 |

双方的商行為
| 商人 | 対 | 商人 |

◇**Question10. 当事者**のうちの**一方**が**商人**、**他方**が**商人でない**場合、この**取引**に**商法**が**適用**されますか?

(例) | 商人 | ⟷ | 非商人 |

◇Question11. 当事者の**一方**が**商人**と**非商人**であり、**他方の当事者**が**非商人のみ**であった場合、この**取引**に**商法**が**適用**されますか**?**

(例)非商人+ 商人 + 非商人 ⟷ 非商人 + 非商人 + 非商人

商法 第3条（一方的商行為）

1　当事者の一方のために商行為となる行為については、この法律をその双方に適用する。

2　当事者の一方が二人以上ある場合において、その一人のために商行為となる行為については、この法律をその全員に適用する。

　商法3条1項の立法趣旨は、同一の行為について一方には民法を他方に商法を適用することが不可能であり、いずれか一方の法律を適用するとすれば商法の合理的な規定を適用するのが妥当であると考えられることにあり、商法3条2項の立法趣旨は、商法の合理的な適用を全員に行うのが適当であると考えられることにあります。

〜 ◇Question の ヒント 又は 答え〜

◇**Question1.** 本文1(1)(イ)の5つの学説によってそれぞれ異なります。考えてみましょう。**2.** 大正14年判決が4の「表白行為説」を、最高裁昭和33年判決が1の「営業意思主観的実現説」(当時の学説は3の「営業意思客観的認識可能説」が多数でした)を、最高裁昭和47年判決が「営業意思客観的認識可能説」を採用したと解されています(神作裕之=藤田友敬編『別冊ジュリスト 商法判例百選』(有斐閣,2019年)2事件〔高橋美加〕6頁-7頁)。最近の学説の有力説は、5の「段階説」です。**3.** 附属的商行為(商503条)。**4.** 商人法主義。会社法は、第2条(定義)でまず「会社」が何かを定め、それから第5条で会社が

「事業としてする行為」等を「商行為」とすると定めています。一方、改正前商法第52条1項は、商法501条および502条に限定列挙する「『商行為』ヲ為スヲ業トスル目的ヲ以テ設立シタル社団(人の集まり)」を「会社」と定義していました。**5.** 多数説は、本来の公益目的に資するためであれば付随的に営利目的で収益事業を営むことができ、その範囲で商人となると解します。一方、少数説は、公益目的ゆえに営利事業を行えず商人となることができないと解します。**6.** 商人ではないと解されています(最判昭和48年10月5日判時726号92頁)。**7.** できます(商2条)。**8.** 利害関係人に利益を分配することができないことをいいます(参照、NPO法3条・5条1項)。**9.** (都道府県または指定都市の条例で定める)所轄庁による認証(NPO法10条・12条)が必要です。**10.** 適用されます(商3条1項)。**11.** 取引を行う者全員に商法が適用されます(商3条2項)。

★☆★ 第4章の主要参考文献 ★☆★ (著者 アイウエオ順)

上柳克郎=北沢正啓=鴻常夫編『商法総則・商行為法』(有斐閣双書,新版,1998年)31頁-40頁、江頭憲治郎=山下友信編『別冊ジュリスト商法(総則・商行為)判例百選』(有斐閣,第5版,2008年)3事件〔高橋美加〕・4事件〔中東正文〕8頁-11頁、落合誠一=大塚龍児=山下友信著『商法Ⅰ総則商行為』(有斐閣,第6版,2019年)35頁-41頁、鴻常夫著『商法総則』(弘文堂,新訂第5版,1999年)101頁-116頁、神作裕之=藤田友敬編『別冊ジュリスト 商法判例百選』(有斐閣,2019年)2事件〔高橋美加〕6頁-7頁、岸田雅雄著『ゼミナール商法総則・商行為法入門』(日本経済新聞社,2003年)14頁-23頁、近藤光男著『商法総則・商行為法』(有斐閣,8版,2019年)24頁-28頁、拙著『はじめての商法(総則・商行為)講義ノート』(関東学院大学出版会,2012年)19頁-23頁、森泉章著『新・法人法入門』(有斐閣,2004年)170頁-188頁、弥永真生著『リーガルマインド商法総則・商行為法』(有斐閣,第2版補訂版,2007年)19頁-22頁。

第5章 商業登記制度

本章では、商人がその企業の営業内容を公に示す方法である商業登記を行うことによってどのような効果が発生するかを学ぶとともに、商人が真実ではない事項を登記した場合にどのような責任が発生するかについても学びます。

目 次

1. 商業登記

(1) 商業登記の意義 ～ 公示的機能 ～

(鴻常夫『商法総則』(弘文堂,新訂第5版,平成11年) 228頁より。)

商業登記簿は、商人(企業)が自己の企業内容(商号等)を公示して自己の**信用維持**を図るとともに、商人(企業)をめぐる関係経済主体間の利益調整(**取引の安全**)を図ろうとするものであり、中世イタリアの商人団体員名簿が起源だと言われています。

(多数説) **商人自身の利益** + **取引の相手方**の利益

(ひいては一般公衆の利益のため)

(少数説) **公衆**の利益のため

(2) 商業登記事項

① **商業登記**(商8条)＝「商業登記簿」になされる事項のみ。

② 商業登記簿の種類（商登6条）

商号登記簿、未成年者登記簿、後見人登記簿、支配人登記簿、株式会社登記簿、合名会社登記簿、合資会社登記簿、合同会社登記簿、外国会社登記簿の9種類です。

③ 登記事項の範囲

（イ）「絶対的登記事項」とは、必ず登記しなければならない事項です。 （例）ほとんど全ての事項

（ロ）「相対的登記事項」とは、登記するか否かが当事者の自由に委ねられる事項です。 （例）個人商人の商号

（その他講学上の分類）

登記事項	内　　容	具　体　例
設定的登記事項	登記によって法律関係が新たに生まれる事項。	会社設立、支配人選任、代表取締役選定。
免責的登記事項	登記によって当事者が責任を免れることのできる事項。	会社解散、支配人解任、代表取締役辞任。

☞ **2005年改正商法10条**は、**本店**所在地において**登記**すべき事項を**支店**所在地においても**登記**しなければならないとする規定（絶対的登記事項のみに適用）を**削除**しました。

当事者は、変更・消滅登記（商10条）を遅滞なく行わなければなりません（絶対的・相対的登記事項ともに同じ）。

④ 登記事項の範囲

登記事項が多いと、商人（企業）側の信用が増大するという利点がある一方、営業上の機密保持が阻害されるという欠点も存在します。一方、一般公衆の側は、登記事項が多いことで安

心して商人（企業）と取引できる利点を有する反面、登記事項を知らないときに登記したと対抗（言い訳）されるという難点があります。取引の安全を図るために、個人商人が登記すべき事項が比較的少ないですが、会社が登記すべき事項は大変多くなっています。

2. 商業登記手続

(1) 当事者申請主義 （商8条）→「当事者の申請により」（商登14条）、「当事者の申請又は官庁の嘱託」の文言から明らかです。

(例) 登記事項が裁判によって生じた場合、「裁判所の嘱託」によって行われます。

--- 商法 第8条 （通則） ---
　この編の規定により登記すべき事項は、当事者の申請により、商業登記法（昭和三十八年法律第百二十五号）の定めるところに従い、商業登記簿にこれを登記する。

--- 商業登記法 第14条 （当事者申請主義） ---
　登記は、法令に別段の定めがある場合を除くほか、当事者の申請又は官庁の嘱託がなければ、することができない。

　当事者の営業所の所在地を管轄する登記所（法務局、地方法務局（支局・出張所））に「書面」で行います（商登1条の3、17条）。

(2) 登記官の審査権 ～ 形式的審査主義 対 実質的審査主義

◇Question1.　我が国の**商業登記制度**は、**形式的審査主義**と**実質的審査主義**の**どちら**を**採用**していますか?

① **形式的**審査主義における登記官の職務と権限

☞　申請の 形式上の適法性 を審査。

(例) 適法な申請人又はその代理人か?申請書・添付書類が法定の形式を具備するか?

(大決大7年11月15日民録24輯2183頁、大決昭和8年7月31日民集12巻1972頁 等)

② **実質的**審査主義における登記官の職務と権限

☞　申請の 形式的適法性 ＋ 申請事項の 真否 を審査。

(参照)(申請の却下事由) 商登24条10号

「登記すべき事項につき無効又は取消しの原因があるとき。」

3.　商業登記の効力

(1) 商業登記の一般的効力(商9条1項、会社908条1項)

商業登記の一般的効力として、次の**商法9条1項**から「**消極的公示力**」と「**積極的公示力**」の二つが導き出されます。

商法 第9条第1項 (登記の効力)

この編の規定により登記すべき事項は、登記の後でなければ、これをもって善意の第三者に対抗することができない。登記の後であっても、第三者が正当な事由によってその登記があることを知らなかったときは、同様とする。

---

① 「**消極的公示力**」（商9条1項前段）

= 登記および公告前には、登記事項を善意の第三者に対抗できない。（悪意の第三者に主張できるのみ）

② 「**積極的公示力**」（商9条1項前段の反射的効力）

= 登記後には、たとえ善意の第三者に対しても対抗できる。＜過失・重過失を問わない＝「悪意擬制説」＞

＊ 但し、第三者が「**正当な事由**」（商9条1項後段）によって知らなかったときは対抗できない。

◇Question2.　商法9条1項後段の「正当な事由」とは何ですか?

（参考1）最高裁昭和52年12月23日判決集民122号613頁、判時880号78頁、金判540号8頁＜百選7事件＞

「訴外…△△は、ゴルフ場の建設工事代金として訴外○○から一月ごとに満期の到来する本件手形を含む約束手形数通の振出交付を受けたが、本件手形は昭和四四年二月上旬に振出され、△△から株式会社□□、上告人と順次裏書譲渡されたものであるところ、被上告人は、昭和四三年一二月二八日○○の代表取締役の資格喪失及び取締役退任の登記をし、遅くとも同四四年一月七日か八日には右登記事項につき登記簿を閲覧することが可能な状態にあったというのである。右事実関係のもとでは、△△が○○の代表資格喪失を知らなかったことにつき商法一二条〔現行商法9条1項、会社法908条1項〕の正当事由があるものとはいえないとした原審の判断は、正当として是認することができ、原判決に所論の違法はない。」（△△、○○、□□は著者改変。〔　〕は著者加筆）

（参考2）大阪高判昭和52年3月30日（差戻控訴審）下民集28巻1〜4
　　　号327頁、判時862号82頁

「〔改正前〕商法第一二条〔現行商法9条1項、会社法908条1項〕所定の
正当事由とは、『客観的障碍、たとえば交通途絶等その他社会通念上
是認できる障碍により商業登記簿の調査をなすことができず、または登記
簿の滅失汚損等により調査してもその登記事項を知ることができないとか、
未だ事実上登記簿を閲覧しうる状態にないような事由のほかは、正常に
毎日のように手形取引を繰り返していたような場合で、しかも突然代表者
の交代の変更登記がなされたというような特段の事由（相手方に改めて登
記の調査を要求することが無理な場合等）が存した場合のみをいい、たとえ
一般に継続的取引関係が存する場合でも、ドイツ商法の規定するような
条文（ドイツ商法第一五条第二項は、「登記事項ノ登記及公告アリタルトキハ、
第三者ハソノ効力ヲ認ムルコトヲ要ス。但シ、公告後一五日以内ニ為サルル
法律的行為ニ付テハ第三者ガ登記事項ヲ知ラズ且ツ知ルコトヲ得ザリシコト
ヲ立証シタルトキハ此ノ限ニ在ラズ。」一九七四年八月二六日現在のドイツ
商法典-最高裁判所図書館所蔵による）の存しない我が国においては、こ
れに当たらない。』と解するのが相当である。」（〔　　〕内は著者加筆）

（百選9事件〔第4版〕および百選8事件〔第5版〕の＜事実の概要＞部分を参照。）

◇Question3. 第三者が入院中であった場合、これは「正当な事由」と言えますか?

(2) 商法9条（登記の効力）と民法112条（代理権消滅後の表見代理）の関係

◇Question4. 民法112条は、代理権の消滅について、次のように

規定しています。この民法の規定は、**商業登記の積極的公示力**との**関係**でどのように考えるべきですか**？**

── 民法112条（代理権消滅後の表見代理）──

　代理権の消滅は、善意の第三者に対抗することができない。ただし、第三者が過失によってその事実を知らなかったときは、この限りでない。

（参考）**最高裁昭和49年3月22日第二小法廷判決民集28巻2号368頁＜百選6事件＞**

「〔改正前〕商法は、商人に関する取引上重要な一定の事項を登記事項と定め、かつ、〔改正前〕商法12条〔現行商法9条1項・現行会社法908条1項〕において、…定めている…のは、商人の取引活動が、一般私人の場合に比し、大量的、反復的に行われ、一方これに利害関係をもつ第三者も不特定多数の広い範囲の者に及ぶことから、商人と第三者の利害の調整を図るために、登記事項を定め、一般私法である民法とは別に、特に登記に右のような効力を賦与することを必要とし、又相当とするからに外ならない。…ところで、株式会社の代表取締役の退任及び代表権喪失は、…登記事項とされているのであるから、前記法の趣旨に鑑みると、これについてはもっぱら〔改正前〕商法12条〔現行商法9条1項、現行会社法908条1項〕のみが適用され、…別に民法112条を適用ないし類推適用する余地はないものと解すべきである。」（〔　　　〕内は著者加筆）

（3）商法9条の適用範囲

　＜多数説＞は、取引行為 + 訴訟行為 の双方に及ぶと考えます。

（4）商業登記の特殊の効力（講学上の分類）

効　力	内　　容	設立登記の場合
創設的 効力	登記によって新たな法律関係が誕生します。	会社設立（会社49条）、合併
補完的 効力	法律関係の瑕疵を主張できなくなります。	株式引受け→取消し×（会社51条）
付随的 効力	登記によって一定の行為が許容又は免責されます。	株式譲渡○（会社35条）商9と別

＊　なお、「補完的効力」「付随的効力」は、商法9条の効力とは関係が無いと解されています。

4.　不実登記の効力 （商9条2項、会社908条2項）

　不実登記の効力を定める商法9条2項の規定は、英米法の 「**禁反言**（estoppel：エストッペル）**の法理**」（＝ フェアプレイの精神）又は ドイツ法の「**外観法理**（Rechtsscheintheorie：レヒツシャインテオリー)」 に基づいて、真実以外の登記を信頼した第三者を保護する制度です。

```
─ 商法 第9条第2項 （登記の効力) ─────────────
　故意又は過失によって不実の事項を登記した者は、その事項が不
実であることをもって善意の第三者に対抗することができない。
```

```
─ レヒツシャインテオリー （Rechtsscheintheorie) とは？ ──
① 　帰責原因、② 　真実らしい**外観** 「権利外観 （レヒツシャイン)」、
③ 　外観への**信頼**、の3つの要素がある場合に第三者を保護す
る理論。
```

（詳細は、田邊光政著『最新手形法小切手法』（中央経済社、5訂版、2007年)76頁を参照。）

◇**Question5.**　**登記に公信力はありますか？**
◇**Question6.**　**株主総会で取締役として選任されていない者が取締役Yとして登記（名目上の取締役）されている場合、この登記を承諾したYは、第三者Xに対して損害賠償責任を負いますか？**

（参考）最高裁昭和47年6月15日第一小法廷判決民集26巻5号984頁
　　　　＜百選8事件＞

「〔改正前〕商法14条〔現行会社法908条2項〕……にいう『不実ノ事項ヲ登記シタル者』とは、当該登記を申請した商人（登記申請権者）をさすものと解すべき…であるが、その不実の登記事項が株式会社の取締役への就任であり、かつ、その就任の登記につき取締役とされた本人が承諾を与えたのであれば、同人もまた不実の登記の出現に加功したものというべく、…当該事項の登記を申請した商人に対する関係におけると同様、善意の第三者を保護する必要があるから、同条の規定を類推適用して、取締役として就任の登記をされた当該本人も、同人に故意または過失があるかぎり、当該登記事項の不実なことをもって善意の第三者に対抗することができないものと解するのを相当とする。……その結果として、…同法266条ノ3〔現行会社法429条〕にいう取締役としての責任を免れ得ない。」

（〔　　〕内は筆者加筆）

第5章の復習問題（考えてみましょう）

① 商業登記における形式的審査主義は、商業登記法 24 条（申請の却下）10 号「登記すべき事項につき無効又は取消しの原因があるとき。」との関係でどのような問題を孕んでいますか。

60

②　一般に登記官はどのような権限を有すると解されますか。

③　商業登記の消極的公示力と積極的公示力の違いは何ですか。

④　X氏は、３か月の入院加療中にY会社の登記簿閲覧ができず、Y会社代表取締役のAからBへの交替を知りませんでした。Bへの交替後もXが依然としてAと取引を続けていたとき、X氏はY会社に対して当該取引によって生じた代金債権の支払を請求することができますか。

⑤　株式会社設立の登記によって、以後、株券の発行が行えるようになる効力を何と呼んでいますか。

～ ◇Question の ヒント 又は 答え ～

◇Question1. 形式的審査主義を採用しています。登記官は、申請の形式上の適法性を審査する職務権限を有しています。2. 客観的障碍、すなはち例えば、交通途絶、登記簿の滅失汚損、毎日取引していた相手の代表者の交替の変更登記が突然なされた場合をいうのであって、病気入院・長期海外旅行などの主観的事情は含まれない、「と解されています（大阪高判昭和52年3月30日下民集28巻1～4号327頁,判時862号82頁）。3. 正当な事由には当たりません。4. 商法9条の規定が民法112条に優先され、もっぱら商法のみが適用されると解されます（最判昭和49年3月22日民集28巻2号368頁）。5. 不動産の登記には公信力が無いと言われており、登記名義が真の所有者と異なることは多々あります。6. の登記の出現に加功した取締役Yは、登記を申請した本人である商人に対する関係におけると同様、善意の第三者を保護する必要性から、同条の規定を類推適用して、責任を追及されると解されます（最判昭和47年6月15日民集26巻5号984頁）。この場合の第三者Xに

ついては、「善意」のみを問題とし「過失」の有無を問わないと解されています。なお、不当利得・不法行為等 取引行為に基づかない法律関係には適用がないと解されています(多数説)。

★☆★ 第5章の主要参考文献 ★☆★ 　(著者 アイウエオ順)

上柳克郎=北沢正啓=鴻常夫編『商法総則・商行為法』(有斐閣双書,新版,1998年)47頁-58頁、江頭憲治郎=山下友信編『別冊ジュリスト 商法(総則・商行為)判例百選』(有斐閣,第5版,2008年)7事件〔浜田道代〕・8事件〔森淳二朗〕・9事件〔野田博〕、16頁-21頁、江頭憲治郎=山下友信編『別冊ジュリスト商法(総則・商行為)判例百選』(有斐閣,第4版,2002年)9事件〔森淳二朗〕20頁-21頁、鴻常夫著『商法総則』(弘文堂,新訂第5版,1999年)227頁-249頁、落合誠一=大塚龍児=山下友信著『商法Ⅰ-総則商行為』(有斐閣,第6版,2019年)108頁-125頁、同『商法Ⅰ総則商行為(シリーズ)』(有斐閣,第4版,2009年)102頁-118頁、神作裕之=藤田友敬編『別冊ジュリスト商法判例百選』(有斐閣,第6版,2019年) 6事件〔荒達也〕・7事件〔船津浩司〕・8事件〔野田博〕・9事件〔高橋英治〕14頁-21頁、岸田雅雄著『ゼミナール商法総則・商行為法入門』(日本経済新聞社,2003年)144頁-148頁、近藤光男著『商法総則・商行為法』(有斐閣,第8版,2019年)39頁-53頁、同『商法総則・商行為法』(有斐閣,第5版補訂版,2008年)38頁-52頁、拙著『はじめての商法(総則・商行為)講義ノート』(関東学院大学出版会,2012年)24頁-28頁、田邊光政著『最新手形法小切手法』(中央経済社,5訂版,2007年)76頁、森泉章著『新・法人法入門』(有斐閣,2004年)62頁-84頁、弥永真生著『リーガルマインド商法総則・商行為法』(有斐閣,第2版補訂版,2007年)23頁-31頁。

第6章 商 号

> 本章では、商人・企業の名称である商号をどのように選べ
> ばよいのか、似通った商号を使用された場合にどうすべきか、
> また、他人に自分の商号を貸した場合、売った場合にどのよ
> うな義務と責任が発生するのか、について学びます。

目 次

1. 商号の意義

(1) 商号とは?

「商号」とは、商人がその営業上、自己を表すために用いる<u>名称</u>です。必ず「文字」でかつ「呼称」できるものでなければなりません。下記の空欄に思いつくものを書き出してみましょう。

商 号	商 標
株式会社 東芝	dynabook
ソニー 株式会社	vaio

「**商標**」とは、自己の取り扱う商品を他人の商品と区別するために用いる「**図形**」や「**紋様**」(商標法2条1項)です。

◇**Question 1.** 　六浦太郎さんは、「**そば屋**」「**貸本屋**」「**花屋**」をそれ
ぞれ**営む予定**です。「**そば屋**」の**商号**を「**更科信州**
屋」、「**本屋**」の**商号**を「**六浦太郎書店**」、「**花屋**」の**商**
号を「**Flower 六浦**」とすることは**できますか?**

(2) 商号の個数

　「**商号単一の原則**」は、１個の営業につき１個の商号を用いなけ
ればならない（１個の営業に原則として２個以上の商号を用いて
はならない）とする原則です。＜関連条文＞商法16条

　　（理由）１個の営業について２個以上の商号を用いることを認め
　　　　　　ると一般公衆の誤認を導く虞（おそれ）があり、また他
　　　　　　人の商号選定の自由の制限を招くため（商12条）。

　　但し、「**会社**」は、複数の事業（改正前は「営業」）を営む場合で
も１つの**商号**に限られます。一方、「**自然人**」は、各営業について
それぞれ別個の商号を有することができます（商登28条2項2号）。

(参考) 大審院大正13年6月13日決定民集3巻280頁

「商人カ数種ノ獨立シタル営業ヲ為シ又ハ数個ノ営業所ヲ有スル場合ニ
於テハ其ノ各営業又ハ営業所ニ付別異ノ商號ヲ有スルコトヲ妨ケスト雖
同一営業ニ付同一営業所ニ於テ數箇ノ商號ヲ有スルコトハ之ヲ認許ス
ヘカラサルモノト解スルヲ相當トス蓋斯ノ如キ商號單一ノ原則ハ商法ノ明
文上之ヲ徴スヘキモノナシト雖若之ヲ是認セサルニ於テハ商人カ同一
営業所ニ於ケル單一ノ営業ニ付幾多數箇ノ商號ヲ選定スルモ不可ナキ
ニ至リ他人ノ商號選定ノ自由ヲ故ナク制限シヌ取引上弊害ヲ生スルノ虞
アルコト明白ナレハ之ヲ是認スルノ必要アルハ各人ノ氏名單一ノ原則ニ
於ケルト異ルコトナケレハナリ」（上柳克郎=北沢正啓=鴻常夫編『商法総則・商行為

法』(有斐閣双書,新版,1998年)60頁を参照。)

2. 商号の選定
(1) 商号の選定規制の諸外国との比較

立法主義	内　　容	採用国
商号自由主義	会社・個人商人とも商号選定を完全に自由にする。	英米法系諸国
商号厳格（真実）主義	（商人と取引する一般公衆の信頼を保護するため）商号と商人の氏名又は営業の実際との一致を厳格に要求（営業所所在地、営業の種類等）	フランス
折衷主義	新商号につき厳格主義、商号の譲渡・相続または変更の際には、既存の商号につき従前の商号の続用を認めるもの。	ドイツ

(上記の表は、鴻常夫著『商法総則』(弘文堂、新訂第5版、平成11年)199頁-200頁をもとに作成。)

◇Question2. 我が国の商法は何主義を採用していますか?

┌─ 商法第11条第1項（商号の選定）─────────
　商人(会社及び外国会社を除く。以下この編において同じ。)は、その氏、氏名その他の名称をもってその商号とすることができる。
└──────────────────────────

　名称には、下記のとおり様々なものがあります。

```
┌──────── 名　称 ────────┐
│  氏（六浦）          トマト  │
│      氏名（六浦太郎）        │
└────────────────────────┘
```

* 小商人（商7条）には、商号に関する規定は、商法11条1項のみ
　適用されます。

◇Question3. 会社の場合は、商号をどのように選定しなければなり ませんか？

── 会社法第6条第2項（商号）──────────
　　会社は、株式会社、合名会社、合資会社又は合同会社の種類に
　従い、それぞれの商号中に株式会社、合名会社、合資会社又は合同
　会社という文字を用いなければならない。

　銀行業・信託業・保険業などの事業を営む会社は、その商号中に
これらの文字を用いなければなりません（銀行6条1項、信託業14条
1項、保険業7条1項）。

（参考）銀行法6条1項　「銀行は、その商号中に銀行という文字を使用
　　　　　　　　　　　しなければならない。」

◇Question4. 会社でない者が商号中に会社という文字を用いた場 合は？

── 会社法第7条（会社と誤認させる名称等の使用の禁止）──────
　　会社でない者は、その名称又は商号中に、会社であると誤認される
　おそれのある文字を用いてはならない。

> **会社法第978条**
>
> 次のいずれかに該当する者は、百万円以下の過料に処する。
>
> 二　第七条の規定に違反して、会社であると誤認されるおそれの
> ある文字をその名称又は商号中に使用した者

◇Question5. A商店小田原支店という支店名を付加することは可能ですか?

(2) 商号自由主義の例外(商12条、会社8条)

> **商法第12条**(他の商人と誤認させる名称等の使用の禁止)
>
> 1　何人も、<u>不正の目的をもって</u>、他の商人であると誤認されるおそれの
> ある名称又は商号を使用してはならない。
> 2　前項の規定に違反する名称又は商号の使用によって営業上の利
> 益を害され、又は侵害されるおそれがある商人は、その営業上の利益
> を侵害する者又は侵害するおそれがある者に対し、その侵害の停止又
> は予防を請求することができる。(波線は著者加筆)

> **商法第13条**(過料)
>
> 前条第一項の規定に違反した者は、百万円以下の過料に処する。

◇Question6. 「不正の目的をもって」とはどのような意味ですか?
(商12条、会社8条)

◇Question7. 「使用」とはどのような行為を言いますか?

◇Question8. 「不正の目的」と「不正の競争の目的」との違いは何で

すか**?**

◇Question9. 現に**商号を使用されて**しまった場合、**使用される危険**がある場合、**どのような措置**がとれますか**?**

（参考）最高裁昭和36年9月29日第二小法廷判決民集15巻8号2256頁

＜百選〔第5版〕13事件＞

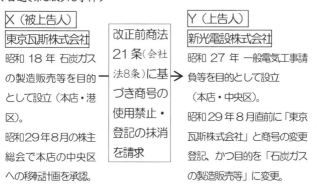

X（被上告人）

東京瓦斯株式会社

昭和18年 石炭ガスの製造販売等を目的として設立（本店・港区）。

昭和29年8月の株主総会で本店の中央区への移転計画を承認。

改正前商法21条（会社法8条）に基づき商号の使用禁止・登記の抹消を請求

Y（上告人）

新光電設株式会社

昭和27年 一般電気工事請負等を目的として設立（本店・中央区）。

昭和29年8月直前に「東京瓦斯株式会社」と商号の変更登記、かつ目的を「石炭ガスの製造販売等」に変更。

（判旨）上告棄却。

「控訴会社（上告人）が『東京瓦斯株式会社』なる商号を使用することは不正の目的をもって被控訴会社（被上告人）の営業と誤認させる商号の使用であり、被控訴会社はこれによつて利益を害せられるおそれがある旨の原審の判断は、原判決挙示の証拠により肯認しうる原審認定の事実関係のもとにおいては、相当である。」

3. 商号の登記

（1）同一商号登記の制限

- 会社（会社911条〜914条） ☞ 商号を必ず登記しなければ

なりません。

- ・個人商人　☞ 商号を登記するか否かは自由ですが、登記によって保護が強化されます。

次に 2005 商法改正前後の相違について説明します。

(あ) 2005 年改正商法では次の2つの類似商号規制が**削除**されました（＜削除＞改正前**商19条、20条**）。

改正前商法第19条（商号登記の効力）＜削除＞

他人ガ登記シタル商号ハ**同一市町村内**ニ於テ同一ノ営業ノ為ニ之ヲ登記スルコトヲ得ズ

改正前商法第20条（不正競争のための同一・類似商号の使用）＜削除＞

1　商号ノ登記ヲ為シタル者ハ**不正ノ競争ノ目的**ヲ以テ同一又ハ類似ノ商号ヲ使用スル者ニ対シテ其ノ使用ヲ止ムベキコトヲ請求スルコトヲ得但シ損害賠償ノ請求ヲ妨ゲズ

2　同一市町村内ニ於テ同一ノ営業ノ為ニ他人ノ登記シタル商号ヲ使用スル者ハ**不正ノ競争ノ目的**ヲ以テ之ヲ使用スルモノト推定ス

(い) (あ) に伴って商業登記法を改正し、商号登記できない場合を**同一商号・同一住所**での登記に**限定**しました（商登27条）。

改正前商業登記法第27条（類似商号登記の禁止）

商号の登記は、**同市町村内**においては、同一の営業のため他人が登記したものと判然区別することができないときは、することができない。

> **商業登記法第27条**(同一の所在場所における同一の商号の登記の禁止)
> 商号の登記は、その商号が他人の既に登記した商号と同一であり、かつ、その営業所(会社にあっては、本店。以下この条において同じ。)の所在場所が当該他人の商号の登記に係る**営業所**の**所在場所**と**同一**であるときは、することができない。

(う) 2005年商法改正は、改正前商法21条のみを**商法12条・会社法8条に引き継ぎ**ました。

> **改正前商法第21条**(主体を誤認させる商号)
> 1 何人ト雖モ**不正ノ目的**ヲ以テ他人ノ営業ナリト誤認セシムベキ商号ヲ使用スルコトヲ得ズ
> 2 前項ノ規定ニ違反シテ商号ヲ使用スル者アルトキハ之ニ因リテ利益ヲ害セラルル虞アル者ハ其ノ使用ヲ止ムベキコトヲ請求スルコトヲ得但シ損害賠償ノ請求ヲ妨ゲズ

(え) 改正前商法19条・20条の商号規制が新商法・会社法上**削除**された**理由**は、以下の通りです。

① 定款記載目的の同一性を判断基準とする事前規制は、**実際**の**営業内容**を見ておらず、目的さえ異なればよいこと。

② **同一市町村内**に**限定**することは、現在の**地球規模**の企業活動に対応できていないこと。

③ 新たに会社を設立しようとする者が商号**調査**のために**迅速な設立手続**を行えなくなること。

④ **事業の同一性**が判断基準となるため、定款の「**目的**」の記載の細分化も手伝って、起業または事業目的**追加・変更の妨げ**となっているとの指摘が以前からあったこと。

⑤ 既存の会社が定款記載目的事業を既に行っておらず誤認の虞（おそれ）が全くなくても改正前商法 19 条・20 条が事前規制として働き、かえって**商号屋横行の虞**があること。

◇Question10. 「誤認されるおそれのある商号」（新商法 12 条）「同一又は類似の商号」（改正前商法 20 条 1 項）とは、どのような商号ですか?

◎**判然区別できる**とされた商号◎

◎ 「辰美屋ちゝぶ店」 と 「ちゝぶや」 （既登記商号）（大判大13年9月20日民集3巻425頁）

●**類似商号**とされた例●

● 「有限会社中州**まるべに**」 と 「**マルベニ**」 （**既登記**商号）（最判昭和50年7月10日集民115号261頁、裁時670号1頁）

（判旨）破棄差戻し。

「〔改正前〕商法二〇条〔平成17年（2005年）商法改正で削除〕にいう**「同一ノ営業」**であるか否かについては、双方が現実に営む営業種目のみを対比するのではなく、社会的見地に立ちその営業目的自体を対比してこれを決すべきであり、双方の営業目的が完全に一致しなくても、一方の営業目的が他方のそれを包含し、その主要部分において同一である限り、営業は同一であると解するのが相当である。これを本件についてみると、上告人が遊技場と飲食（レストラン、すなわち西洋料理店及びパーラー）の経営を営業目的とし、被上告人は飲食店（割烹店、すなわち和風料理店）の経営を営業目的とするものであるから、上告人の営業目的の主要部分が料理店という飲食店業の経営にあるとすれば、両者に洋風と和風の差異があつても、料理店

という飲食店業としての営業は同一であると解すべきところ、原判決が、この点に思いを致さず、ただ一方が夜間営業のための純和風の割烹店であり、他方が洋風のレストラン、パーラーであるということのみを理由に、その営業は同一でないと解して上告人の請求を排斥したのは、〔改正前〕商法二〇条の解釈適用を誤り、ひいては審理不尽、理由不備の違法におちいつたものというべく、…原判決は破棄を免れない。」（〔　〕内は著者加筆）

● 「**株式会社池袋明治屋**」と「**株式会社明治屋**」（**既使用・広く認識**）（東京地判昭和36年11月15日下民集12巻11号2737頁、判時289号34頁）

● 「神戸**フロインドリーブ**有限会社」と「**フロインドリーブ**」・「**FREUNDLIEB**」（**既使用・広く認識**）（大阪高判昭和58年10月18日判時1092号106頁、判夕514号252頁）

● 「**株式会社小出丸三ジャム製造所**」と「**丸三ジャム製造株式会社**」（**既使用・広く認識**）（東京地判昭和27年9月30日下民集3巻9号1324頁）

✍ どのような場合に「**類似商号**」と判断されるか、次の判例を見て考えてみましょう。

（参考）最高裁昭和40年3月18日第一小法廷判決集民78号351頁、判夕175号115頁

● 「**更科**」（既登記商号）と「**更科信州家**」（新商号）

（参照条文）改正前商法20条1項〔=2005年商法改正で削除〕

（判旨）「本件における『**更科**』と『更科 信州家』の両商号を比較すると、両者は、その文字呼称において『**更科**』が**共通**であり、後者はこれに『信

州家』の文字を加えたものにすぎない。しかして両商号に共通の『**更科**』という部分にこれらの商号の**特徴**があり、それが商号の**主要部分**をなしていることは明らかであり、商号全体からうける両者の印象は極めて類似する。…」 ✍ **類似商号**となる**例**を自分で**探してみましょう**!

◇**Question11. 会社の商号登記の抹消請求はできますか?**

4. 商号権

(1) 商号使用権：他人から妨害を受けることなく自己の商号を使用する権利。

(2) 商号専用権：他人が不正の目的をもって自己の商号と同一または類似の商号を使用することを排除する権利（妨害排除請求権）。

◇**Question12. 不正競争防止法第2条第1項第1号の「商品等表示」に商号は含まれますか?**

── 不正競争防止法第2条(定義)第1項 ──

この法律において、「不正競争」とは次に掲げるものをいう。

一 他人の**商号等表示**（人の業務に係る氏名、商号、商標、標章、商品の容器若しくは包装その他の商品又は営業を表示するものをいう。以下同じ。）として需要者の間に**広く認識されているものと同一若しくは類似の商品等表示を使用し**、又はその商品等表示を使用した商品を譲渡し、引き渡し、譲渡若しくは引渡しのために展示し、輸出し、輸入し、若しくは電気通信回線を通じて提供して、**他人の商品又は営業と混同を生じさせる行為**（波線は著者加筆）

・損害賠償請求権(不正競争4条)
・罰則(不正競争21条2項1号)： 5年以下の懲役若しくは500万
  円以下の罰金又は併科。

(3) 参考： 改正前商法19条、20条、21条および不正競争防止法
  の関係についての解釈。

・ 昭和13年改正前商法19条・20条は、商号登記に商号**専用権**
  認める一方、**未登記**商号に商号**使用権**のみを認めていました。

・ 昭和13年商法改正が改正前商法21条(=現行商法12条・会社
  法8条)を**新設**。

・ 昭和13年商法改正以降、**不正競争防止法**も**未登記**商号に一
  定の範囲で(「需要の間に**広く認識**されているもの」「**著名**なも
  の」について)商号**専用権**を認めました。

・ 改正前商法20条が**全登記済**商号に商号**専用権**を認めました。

・ **未登記**商号に商号**専用権**を与えたと解釈されてた改正前商法
  21条が改正前商法**20条**を**無意味**にすると批判されました。

・ 以上をふまえ、平成17年(2005年)**改正商法**は、改正前商
  法**19条・20条**を**削除**する一方、改正前商法**21条**のみを商法
  12条・会社法8条として**残**しました。

5. 名板貸し (商14条)
(1) 名板貸し ～ 名義貸与　　(参考)　禁反言の法理

　商人YがZにYの商号の使用を許諾(名義を貸与)した場合、Y
を「**名板貸人**」、Zを「**名板借人**」と呼び、取引の相手方XがY
だと認識して取引したZが本来Xに対して負うべき弁済責任を、
YもZと**連帯**して負うのが「**名板貸人の責任**」です。これは、「名

義貸与者＝営業主」という外観を信頼した第三者を保護し、もって取引の安全を期することを趣旨とする規定です(最判昭和58年1月25日集民138号65頁、判タ492号57頁)。間接的には「商号真実の要請」によります。次の条文(**商法14条**)を見てみましょう。

商法第14条(自己の商号の使用を他人に許諾した商人の責任)

　自己の商号を使用して営業又は事業を行うことを他人に許諾した商人は、当該商人が当該営業を行うものと誤認して当該他人と取引をした者に対し、当該他人と連帯して、当該取引によって生じた債務を弁済する責任を負う。

---

* *2005* 年改正商法上、「名板貸人＝商人」であることが明確にされました。　**＜商法14条の図解＞**

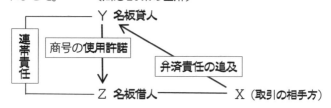

最高裁平成7年11月30日第一小法廷判決民集49巻9号2972頁＜百選14事件＞

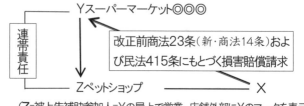

(Z＝被上告補助参加人＝Yの屋上で営業、店舗外部にYのマークを表示)

(判旨) 破棄差戻し。

「被上告補助参加人は、そのテナントとして、本件店舗屋上の一部においてペットショップを営んでいたものであるところ、本件店舗の外部には、◎◎◎の商標を表示した大きな看板が掲げられていたが、テナント名は表示されていなかったというのであり、本件店舗の内部においても、本件店舗の四階から屋上に上がる階段の登り口に設置された屋上案内板や右階段の踊り場の壁には、『ペットショップ』とだけ表示されていて、その営業主体が◎◎◎であるか被上告補助参加人であるかは明らかにされておらず、そのほか、被上告補助参加人は、◎◎◎の黙認の下に、契約場所を大きくはみ出し、四階から屋上に上がる階段の踊り場等に値札を付けた商品を置き、契約場所以外の壁に『大売出し』と大書した紙を何枚も張りつけるなどして、営業をしていたというのである。これら事業は、買物客に対し、被上告補助参加人の営業があたかも◎◎◎の営業の一部門であるかのような外観を与える事実ということができる。……

　以上によれば、本件においては、一般の買い物客が被上告補助参加人の経営するペットショップの営業主体は◎◎◎であると誤認するのもやむを得ないような外観が存在したというべきである。そして、◎◎◎は、……本件店舗の外部に◎◎◎の商標を表示し、被上告補助参加人との間において、……出店及び店舗使用に関する契約を締結することなどにより、右外観を作出し、又はその作出に関与していたのであるから、◎◎◎は、〔改正前〕商法二三条〔現行商法14条、会社法9条〕の類推適用により、買物客と被上告補助参加人との取引に関して名板貸人と同様の責任を負わなければならない。」(◎◎◎は著者改変、〔　〕内は著者加筆)

＜名板貸人Ｙが第三者Ｘに対して名板借人Ｚとともに連帯責任を負うための要件＞

① ＺにＹという**外観**の存在があること。

② Ｙの**帰責性**の存在：**名義貸与**（明示 ・ 黙示を問わない）

③ 相手方Ｘの**信頼**があること。 Ｚを営業主Ｙと誤認。

(2)「**当該取引によって生じた債務**」（商法14条）とは？

○ （有り） 名義使用者の**債務不履行**による損害賠償債務（最判
昭和52年12月23日民集31巻7号1570頁）

✕ （無し） 名義使用者の**不法行為**による損害賠償債務（最判昭和
52年12月23日〈新判例マニュアル81頁〉）← 因果関係無
し。但しこの場合、「**取引行為の外形をもつ不法行
為により負担することになった損害賠償義務**」を含
みます（最判昭和58年1月25日集民138号65頁、判タ492
号57頁、判時1072号144頁〈新判例マニュアル85頁〉）。

6. 商号の譲渡

商号権には**財産的性質**があり、譲渡することが可能です。

商法第15条（商号の譲渡）

1 他人の商号は、営業とともにする場合又は営業を廃止する場合に
限り、譲渡することができる。

2 前項の規定による商号の譲渡は、登記をしなければ、第三者に対
抗することができない。

商号の譲渡は、「**営業とともにする場合**」又は「**営業を廃止する
場合**」に**のみ**認められています（商15条1項）。その目的は、商号の
背後にいる商人を公衆が誤認しないようにすることです。**第三者
対抗要件**（善意・悪意を問わない）として「**登記**」を要します（商15

条2項)。

◇Question13. 商号の廃止は誰が行いますか? 次の条文を読んで考えてみましょう。

┌─ **商業登記法第29条(変更等の登記)第2項** ─────────

　商号の登記をした者は、前条第二項各号に掲げる事項に変更を生じたとき、又は商号を廃止したときは、その登記を申請しなければならない。

└──────────────────────────────────

┌─ **商業登記法第28条(登記事項等)** ────────────

1　商号の登記は、営業所ごとにしなければならない。

2　商号の登記において登記すべき事項は、次のとおりとする。

　一　商号

　二　営業の種類

　三　営業所

　四　商号使用者の氏名及び住所

└──────────────────────────────────

◇Question14. 商号を譲渡した場合、変更登記は誰が行いますか?

◇Question15. 商号権を相続することはできますか?

◇Question16. 5年前まで「更科屋」という商号で小田原市荻窪110番地でそば屋を営業しかつ登記していたAが最近3年間営業していなかったことを知ったBは、同じく荻窪110番地で同じ「更科屋」という商号を用いてそば屋を開業することはできますか?

商業登記法第30条（商号の譲渡又は相続の登記）

1 商号の譲渡による変更の登記は、譲受人の申請によってする。

  ……

3 商号の相続による変更の登記を申請するには、申請書に相続を証
  する書面を添付しなければならない。

商業登記法第33条（商号の登記の抹消）**第1項**

  次の各号に掲げる場合において、当該商号の登記をした者が当該各号
に定める登記をしないときは、当該商号の登記に係る営業所（会社にあつ
ては、本店。以下この条において同じ。）の所在場所において同一の商号を
使用しようとする者は、登記所に対し、当該商号の登記の抹消を申請するこ
とができる。

  一 登記した商号を廃止したとき　　　　　当該商号の廃止の登記

  二 商号の登記をした者が正当な事由
     なく二年間当該商号を使用しないとき　当該商号の廃止の登記

  三 登記した商号を変更したとき　　　　　当該商号の変更の登記

  四 商号の登記に係る営業所を
     移転したとき　　　　　　　　　　　　当該営業所の移転の登記

---

7. Let's try !

問1 個人商人の商号に関する次の1から5までの各記述のうち、
　　　正しいものを2個選びなさい。

1. 商人の商号は、その商人の氏又は名を含まなければならない。

2. 商人が数種の独立した営業を行うときは、その商人は、その
   各営業につき異なる商号を使用することができる。

3. 商人は，自己と誤認されるおそれのある名称を不正の目的を
　　もって使用する者がある場合において，その名称の使用によっ
　　て営業上の利益が侵害されたときであっても，商号の登記をし
　　ていない限り，その侵害の停止を請求することができない。

4. 自己の商号を使用して営業を行うことを他人に許諾した商人
　　は，当該商人がその営業を行うものと誤認して当該他人と取引
　　をした者に対し，その取引によって生じた債務を当該他人の財
　　産をもって完済することができない場合に限り，連帯してその
　　債務を弁済する責任を負う。

5. 商人は，その営業を廃止するときは，その商号を譲渡するこ
　　とができる。

問2　商号に関する次のアからオまでの記述のうち，誤っている
　　ものを組み合わせたものは，後記1から5までのうちどれか。

　ア. 個人商人の営業1個については，商号は1個に限られる。

　イ. 商人は，その商号を登記しなければならない。

　ウ. 会社でない者は，その商号中に「合名会社」という文字を
　　　用いることはできない。

　エ. 名板貸しの事実を取引の相手方が知っていたときは，名板
　　　貸人の責任は生じない。

　オ. 営業を譲り受けた商人が譲渡人の商号を引き続き使用する
　　　場合には，その譲受人も，譲渡人の営業によって生じた債務
　　　について，譲り受けた財産を限度として，弁済責任を負う。

1.ア　ウ　　2.ア　エ　　3.イ　エ　　4.イ　オ　　5.ウ　オ

問3 個人の商人（小商人に当たる者を除く。）の商号に関する次の1から5までの各記述のうち，正しいものを2個選びなさい。

1. 商号は，営業とともにする場合には譲渡することができるが，営業を廃止する場合には譲渡することができない。
2. 他人が登記した商号は，同じ市町村内において，同一の営業のために登記することはできない。
3. 商号の譲渡は，その登記をしなくとも，悪意の第三者に対抗することができる。
4. 不正の目的をもって，他の商人であると誤認されるおそれのある商号を使用している者があるときは，これにより営業上の利益を侵害されるおそれがある商人は，その名称を商号として登記していなくとも，その者に対し，その侵害の予防を請求することができる。
5. 商号は，相続の目的となる。

問4 商法の名板貸についての責任に関する次のアからオまでの記述のうち，判例の趣旨に照らし誤っているものを組み合わせたものは，後記1から5までのうちどれか。

ア. 名板貸人の責任が生ずるのは，名板貸人が商人の場合に限られる。
イ. 名板借人の被用者が交通事故を起こしたことによる責任を名板貸人が負うことはない。
ウ. 自己の名称を使用して営業をすることを許諾したところ，許

諾を受けた者が当該営業をせず，当該営業と同種の営業のための手形取引にその名称を使用したときは，許諾者は，手形債務につき責任を負う。

エ. 相手方が名板貸の事実を知っていたときは，名板貸人は責任を負わないが，相手方に誤認がなかったことの主張・立証責任は名板貸人が負う。

オ. 名板貸人が責任を負うときは，取引の相手方は，名板借人の責任を問うことはできない。

1. ア，ウ　**2.** ア，オ　**3.** イ，エ　**4.** イ，オ　**5.** ウ，エ

～ ◇Question の ヒント 又は 答え ～

◇**Question1.**「商号単一の原則」から1個の営業につき1個の商号をもつことができるため，3つの営業を営んでいる六浦太郎さんは，3つの商号をもつことができます。次に，「商号自由主義」について考えてみます。3つの商号の中で「六浦太郎書店」は，商号厳格主義のもとでも通用しますが，「更科信州屋」には六浦太郎さんの氏名がまったく出てきません。しかし，商号自由主義のもとでは，営業の内容を表さずとも，また自らの氏名を表示しなくともよいため，原則としてこの3つすべての商号を使用することが可能です。また，"Flower"のような外国文字も認められています。**2.** 商号自由主義（商11条1項）。**3.** 必ず会社の種類を明記しなければなりません（会社6条2項）。**4.** 会社でない者が会社という文字を用いると百万円以下の過料の制裁を受けます（会社978条2号）。**5.** 各営業所の営業は，同一営業の構成部分にすぎないことから，学説上，可能であると解されています。**6.** ある名称を自己の商号として使用することによって，一般人に自己の営業をその名称がもともと付されていた他人の営業であると誤認させる意図をもって，の意味。**7.** 法律行為（契約の締

結など)のみならず事実行為(看板・広告など)に用いること。**8.**「不正の競争の目的」の場合には同業種でなければなりませんが、「不正の目的」の場合には同業種でなくともよい点で異なります。**9.** 侵害の差止めおよび予防を請求できます(商12条2項)。**10.** 一般公衆を混同誤認させる恐れのある商号をいい、商号全体の印象から判断されます。**11.** 抹消請求することができます(商登24条15号もこれを前提とした規定です)。**12.** 含まれます。それゆえ、商号には、商法のほかに不正競争防止法も適用になります。**13.** 商号の登記をした者又は商号の登記をしようとする者が行います(商登29条2項、商登33条1項1号)。**14.** 譲受人であるBが行います(商登30条1項)。**15.** 相続できます(商登30条3項)。**16.** できます。もし、Aさんが2年間、正当な事由なく「更科屋」という商号を使用していなかった場合には、Bさんは、小田原市の登記局(会社は本店所在地の登記局)に対して、当該商号の抹消を申請することができます(商登33条1項2号)。

Let's try! の解答

問1 正解 2と5 (2014年度 新司法試験 短答式試験問題集〔民事系科目〕〔第52問〕、司法試験予備試験 短答式問題集〔民法・商法・民事訴訟法〕〔第27問〕)

問2 正解 4 (2006年度 新司法試験 短答式試験問題集〔民事系科目〕〔第36問〕)(参照条文等 ア 商号単一の原則、イ 商11条2項により「登記することができる」、ウ 会社7条、エ 商14条、オ 商17条1項「営業によって生じた債務」)。

問3 正解 4と5 (2008年度 新司法試験 短答式試験問題集〔民事系科目〕〔第49問〕)(参照条文等 1. 商15条1項、2. 商登27条、3. 商15条2項、4. 商12条1項・2項、民709条、5. 商登30条3項)。

問4 正解 2　　（新司法試験プレテスト 短答式試験問題集〔民事系科目〕
　　　　　　　　　　〔第50問〕）。ただし、2005年改正新商法は、14条で名板貸
　　　　　　　　　　人を「商人」と明示して、これまでの解釈の対立に終止符を打
　　　　　　　　　　ちましたので注意しましょう。

＊☆＊ 第6章の主要参考文献 ＊☆＊　（著者 アイウエオ順）

上柳克郎＝北沢正啓＝鴻常夫編『商法総則・商行為法』（有斐閣双書,新版,1998年）59頁-
75頁、江頭憲治郎＝山下友信編『別冊ジュリスト 商法（総則・商行為）判例百選』（有斐閣,
第5版, 2008年）13〔大野正道〕・17事件〔片木晴彦〕28頁-29頁, 36頁-37頁、江頭憲治
郎＝山下友信編『別冊ジュリスト 商法（総則・商行為）判例百選』（有斐閣,第4版,2002年）1
4事件〔林﨑〕30頁-31頁、鴻常夫著『商法総則』（弘文堂, 新訂第5版,1999年）195頁-225
頁、落合誠一＝大塚龍児＝山下友信著『商法Ⅰ総則商行為』（有斐閣,第6版,2019年）52頁
-67頁、同『商法Ⅰ総則商行為』（有斐閣,第4版,2009年）50頁-65頁、河本一郎＝奥島孝康
編著『新判例マニュアル〔総則・商行為〕』（三省堂,1999年）81頁, 85頁、岸田雅雄著『ゼミ
ナール商法総則・商行為法入門』（日本経済新聞社,2003年）84頁-104頁、近藤光男著
『商法総則・商行為法』（有斐閣,第8版,2019年）54頁-74頁、商事法務編『タクティクスアド
バンス2011商法』（商事法務,2011年）26頁-27頁, 30頁-31頁、法学セミナー編集部代表
編『新司法試験の問題と解説』（日本評論社,2006年）167頁, 209頁、同（2008年）176頁,
217頁-218頁、法務省・平成26年新司法試験問題・短答式試験〔民事系科目〕
http://www.moj.go.jp/content/000123125.pdf、正解及び配点 http://www.moj.go.jp/content/000123391.
pdf、平成26年司法試験予備試験・短答式試験問題集〔民法・商法・民事訴訟法〕
http://www.moj.go.jp/content/001167208.pdf、「民法・商法・民事訴訟法の正解及び配点」
http://www.moj.go.jp/content/000124045.pdf 法務省・平成20年新司法試験問題・短答式試験問
題集〔民事系科目〕http://www.moj.go.jp/content/000006412.pdf、正解及び配点 http://www.moj.
go.jp/content/000006434.pdf、法務省・平成18年新司法試験問題短答式試験問題集〔民事系
科目〕http://www.moj.go.jp/content/000006518.pdf、正解及び配点 http://www.moj.go.

jp/content/000006530.pdf、法務省・新司法試験プレテスト短答式試験問題（民事系科目）
http://www.moj.go.jp/content/000006601.pdf、正解及び配点 http://www.moj.go.
jp/content/000006613.pdf、弥永真生著『リーガルマインド商法総則・商行為法』（有斐閣,第2版
補訂版,2007年）33頁-45頁、下民集3巻9号1324頁、下民集12巻11号2737頁、裁時67
0号1頁、集民115号261頁、判時289号34頁、判時1092号106頁、判夕514号252頁、民
集3巻425頁。

第7章 前半 中間テスト　　　　持込不可　　＿＿点／10点

以下の問いを読んで、各解答欄に適切な番号を記入しましょう。

1. 次の記述の中から誤っているものを1つ選びましょう。
   ①「商」とは、本来第3次産業のことを意味する。
   ②「会社法」は、実質的意義の商法に当たる。
   ③ 商事自治法の適用は、原則として商法に優先される。
   ④ 商慣習法は、商取引には適用されない。

2. 次の記述の中から正しいものを1つ選びましょう。
   ① わが国の商法は、商行為法主義のみを採用している。
   ② 石油の採掘を行う者は、天然資源の原始取得を行うものの商人である。
   ③ 当事者の一方が商人であり、他方が非商人である場合には、商法ではなく民法が適用される。
   ④ 貸金業者の行う活動は、営業的商行為の中に含まれる。

3. 次の記述の中から正しいものを1つ選びましょう。
   ① Aさんの土地の売買契約をBさんがCさんとの間で締結した後、BさんがAさんから当該土地を買い受けてCさんに販売する行為は、投機売却とその実行行為として認められる。
   ② 100万円で売却する目的で30万円で宝石を仕入れてきたAさんが実際にこれを販売する行為は、反復継続することによってはじめて商行為となる。
   ③ AさんがレンタルＸ業を営む目的で映画のビデオをBさんから借りてき

た場合、これは投機貸借とその実行行為となる。

④ 友人の荷物の運搬を無償で1週間以上反復継続して行った場合には、営業的商行為となる。

4. 次の記述の中から正しいものを1つ選びましょう。

① 小商人は、擬制商人ではない。

② 小商人は、完全商人である。

③ 小商人とは、商法上、営業の用に供する財産の年度末貸借対照表計上額が300万円以下の者を指す。

④ 小商人は、商行為を為す固有の商人であり得るとともに、擬制商人でもあり得る。

5. 次の記述の中から正しいものを1つ選びましょう。

① 電気・ガスの供給契約にNTTの電話サービスが該当すると考えられている。

② 他人に手形を振り出す行為は、1回行っただけでも商行為となる。

③ 判例上、「客の来集を目的とする場屋における取引」に理髪店は該当すると考えられている。

④ 銀行に預金をすることは、金銭消費貸借契約を結ぶことであると考えるのが通説である。

6. 次の記述の中から正しいものを1つ選びましょう。

① 擬制商人が営業のためにする行為は、商行為となる。

② 営業のためにする行為には、営業を有利に導くための行為は該当しない。

③ 営業の後始末を行ってもこれは商行為とは言えない。

④ 商人が営業のためにする行為は、それ自体が常に営利性を有す

る。

7. 現在の判例の見解として適切と思われるものを次の中から1つ選び
ましょう。
① 営業意思を主観的に実現した準備行為の段階で商人となる。
② 店舗の開設など外部に営業の意思を発表してはじめて商人とな
る。
③ 営業意思が外部から客観的に認識可能となった時点で商人とな
る。
④ 営業意思が外部から客観的に認識可能な行為については、行
為者の側からもその商行為性を主張することができる。

8. 次の記述の中から適切なものを1つ選びましょう。
① 登記の申請を行うのは、当事者のほか誰もが行うことができる。
② わが国の商業登記制度は、登記事項の真否を審査する実質的
審査主義を採用している。
③ 未成年者登記簿は、商業登記簿ではない。
④ 本店の所在地において登記すべき事項は、支店の所在地におい
て登記する必要はない。

9. 次の記述の中から正しいものを1つ選びましょう。
① 商人は、登記すべき事項を登記した後でも、これが代理権消滅の
登記であれば、善意の第三者に対抗することができない。
② 小商人は、商業登記についての規定の適用を受ける。
③ 商人は、登記すべき事項を登記した後であっても、病気入院中で
あるために登記を閲覧できなかった第三者に対して、登記事項

対抗することはできない。

④ 商業登記をするまでの間は、善意の第三者に対して登記事項を対抗できないことを商業登記の消極的公示力と呼ぶ。

⑤ 判例によれば、取締役でない者がその就任登記をすることを承諾している場合、会社が第三者に対抗できないだけであり、取締役自身が不実の登記事項について責任を負うことはない。

10. 次の記述の中から正しいものを1つ選びましょう。

① 商号単一の原則によれば、商人が2つの営業を行う場合、2つとも同一の商号を付さなければならない。

② 店の名称は、図形や紋様で表すことができる。

③ 山田太郎氏が理髪店を営む場合に、名称を「六浦 筍店」とすることは認められる。

④ そば屋とうどん屋を合名会社として営むAは、それぞれ「信州そば屋」「讃岐うどん屋」という商号を両方持つことができる。

＜解答欄＞

1	2	3	4	5	6	7	8	9	10

☆　前半 中間テスト の解答 および ヒント　☆☆

1. ④ （商1条2項）。

2. ② ①は、折衷主義、②は、商法4条2項の擬制商人、③は、商法3条
1項の一方的商行為、④銀行取引（商502条8号）には、貸金業者
の行為は含まれません。

3. ③ ①は、不動産が対象外（商法501条2号）、② 商法501条1号の
絶対的商行為、③ 商法502条1号、④は「営業としてするとき」（商
法502条柱書）であることが必要。

4. ④ ③ 営業のために使用する財産の価額が50万円以下の者（商7条、
商施則3条2項）。

5. ② ① 商法502条3号に当たりません。② 商法501条4号の「手形
その他の商業証券に関する行為」であり絶対的商行為。③商法5
02条7号の「客の来集を目的とする場屋における取引」に理髪
店は該当しないとするのが判例の立場。④ 金銭消費寄託契約
と解するのが通説。

6. ① （商法503条1項の附属的商行為）。② 該当します。③ 附属的
商行為となります。④ 営利性を有しない場合が多いです。

7. ③

8. ④ （改正前商法10条を削除）。① 当事者申請主義（商8条・商登14
条）。② 形式的審査主義。③ 商業登記法6条に定められてい
る9種類の商業登記簿を参照。

9. ④ （商9条1項前段）。① 商法9条と民法112条（代理権消滅後の
表見代理）の関係においては、商法が優越します。② 商法7条
「適用しない。」③ 商法9条1項後段の「正当の事由」とは？、
⑤ 商法9条2項。取締役自身も会社法908条2項の類推適用
によって不実登記の責任を負います（最判昭和47年6月15日民集

26巻5号984頁)。

10. **③**　　商号自由主義(商11条1項)。　①　商号単一の原則⇔会社は すべて1つの商号。②　商法11条「氏、氏名その他の名称」で 呼称できるものでなければなりません。④　会社法6条。

＊☆＊　第7章の主要参考文献　＊☆＊　（著者 アイウエオ順）

第1章から第6章までの主要参考文献のほか、商事法務編『タクティクスアドバンス2011商法』

（商事法務,2011年）2頁-33頁、48頁-49頁、法学検定試験委員会編『2011年法学検定

試験問題集3級企業コース』（商事法務,2011年）246頁-252頁。

第8章 商業帳簿

本章では、貸借対照表および会計帳簿という商人・企業が最低限作成しなければならない商業帳簿の内容および作成基準について学びます。

目 次

1. 商業帳簿の歴史
(1) 昭和49年(1974年)商法改正

粉飾決算が問題となった山陽特殊鋼事件を契機として、監査の重要性が認識されました。

開業時・決算期財産目録の作成が不要になり「棚卸法」から「誘導法」に、「財産目録」から「仕訳帳」に変更されました。

(2) 平成17年商法大改正

◇Question1. 平成 17 年商法大改正によって商人および会社の会計原則に関する規定はどのように定められましたか?

2005年改正前商法第32条第2項

　商業帳簿ノ作成ニ関スル規定ノ解釈ニ付テハ公正ナル会計慣行ヲ
斟酌スベシ　（波線は著者加筆）

商法　第19条第1項

　商人の会計は、一般に公正妥当と認められる会計の慣行に従うもの
とする。

会社法　第614条

　持分会社の会計は、一般に公正妥当と認められる企業会計の慣行
に従うものとする。

会社法　第431条

　株式会社の会計は、一般に公正妥当と認められる企業会計の慣行
に従うものとする。

◇**Question2.**「**一般に公正妥当と認められる企業会計の慣行**」には
　どのようなものがありますか**?**

☞ 株式会社の規模、業種、株主構成などによって複数同時に存在
　すると解されています。

（例）「**企業会計原則**」＝「企業会計の実務の中に慣習として発
　　　達したものの中から一般に公正妥当と認められたところ
　　　を要約したもの」（いわゆる商的「条理」に該当し、単独で
　　　は法的効力を有しないと解されます。）（田中誠二=福岡博之共著
　『例解商法総則・商行為法』（有信堂、1964年）27頁-28頁。）

(2)「**単式簿記**」と「**複式簿記**」

①　「**単式簿記**」は、「家計簿」を想像してみてください。

②　「**複式簿記**」には、以下のとおり「借方」と「貸方」があります。

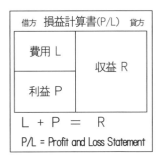

* 貸借対照表と損益計算書は、「『借方』の合計＝『貸方』の合計」となるようにできています。

---

* 会社法制定に伴い、従来の「資本」の部が「**純資産**」の部へと**名称変更**されました。

（例えば、株式会社および持分会社に関する規定として下記の会社計算規則第 73 条・第 74 条。）

会社計算規則第73条（貸借対照表等の区分）

貸借対照表等は、次に掲げる部に区分して表示しなければならない。

一　資産　　　二　負債　　　三　純資産

― **会社計算規則第74条（資産の部の区分）** ―

　資産の部は、次に掲げる項目に区分しなければならない。この場合において、各項目（第二号に掲げる項目を除く。）は、適当な項目に細分しなければならない。

　　一　流動資産　　　二　固定資産　　　三　繰延資産

2　固定資産に係る項目は、次に掲げる項目に区分しなければならない。この場合において、各項目は、適当な項目に細分しなければならない。

　　一　有形固定資産　二　無形固定資産　三　投資その他の資産

3　次の各号に掲げる資産は、当該各号に定めるものに属するものとする。

　　一　次に掲げる資産　　流動資産

　　　　　　　　　　　　イ　現金及び預金（一年内に期限の到来しない預金を除く。）

　　　　　　　　　　　　ロ　受取手形　……

2. 商業帳簿の意義

　商業帳簿とは、（小商人を除く）商人が営業上の財産および損益の状況を明らかにするために、法律上作成を要求される帳簿です。

◇Question3.　商人が**必ず作成**しなければならない**商業帳簿**は**何ですか?**

― **商法　第19条第2項** ―

　商人は、その営業のために使用する財産について、法務省令で定めるところにより、適時に、正確な商業帳簿（会計帳簿及び貸借対照表をいう。以下、この条において同じ。）を作成しなければならない。

次に、貸借対照表および　損益計算書の例を示します。

貸借対照表
（平成27年3月31日現在）

（単位：千円）

資産の部		負債の部	
科　　目	金額	科　　　目	金額
流動資産	**5,801,424**	**流動負債**	**3,713,769**
現金及び預金	1,004,267	支 払 手 形	310,000
受取手形	1,101,553	買 掛 金	1,354,987
売掛金	2,597,607	1年以内返済長期借入金	430,000
商品および製品	350,008	未 払 金	569,750
原材料及び貯蔵品	450,000	未 払 費 用	768,089
前 払 費 用	80,676	前 受 金	230,878
繰 延 税 金 資 産	200,785	預 り 金	42,231
そ の 他	20,076	賞 与 引 当 金	7,769
貸倒引当金	-3,548	そ の 他	65
固定資産	**2,646,524**	**固定負債**	**131,424**
有形固定資産	**2,294,063**	長 期 借 入 金	100,675
建　　　　物	772,368	資産除却債務	6,652
構 　築　 物	6,695	そ　の　他	24,097
機 械 設 備	82,365	**負債合計**	**3,845,193**
車 両 運 搬 具	608	純資産の部	
備　　　品	140,900	**株 主 資 本**	**4,772,256**
土 　　　　地	1,283,009	**資 本 金**	**600,876**
建 設 仮 勘 定	7,700	**資 本 剰 余 金**	**544,580**
無形固定資産	**150,873**	資 本 準 備 金	544,580
ソフトウェア	150,873	**利 益 剰 余 金**	**3,627,456**
投資その他の資産	**201,588**	利 益 準 備 金	340,956
投資有価証券	54,800	その他利益剰余金	3,286,500
関係会社株式	4,923	別 途 積 立 金	890,789
長期前払費用	1,085	繰延利益剰余金	3,290,870
差入保証金	5,005	**自 己 株 式**	**-656**
繰 延 税 金 資 産	180,000	**評価・換算差額等**	**32,087**
そ の 他	23,075	その他有価証券評価差額金	32,087
貸倒引当金	-67,300	**純資産合計**	**4,804,343**
資産合計	**8,649,536**	**負債および純資産合計**	**8,649,536**

損益計算書

(平成26年4月1日から
平成27年3月31日まで)

(単位:千円)

勘定科目	金額	
売　上　高		11,000,000
売　上　原　価		5,550,000
売　上　総　利　益		5,450,000
販売費及び一般管理費		4,500,000
営　業　利　益		950,000
営　業　外　収　益		
受取利息および配当金	150	
投資有価証券売却益	3,500	
雑　　　収　　　入	20,000	23,650
営　業　外　費　用		
支　払　利　息	32,000	
減　価　償　却　費	300,879	
雑　　　損　　　失	5,000	337,879
経　常　利　益		635,771
特　別　利　益		
貸倒引当金戻入額	60,000	
過年度損益修正益	5,000	
受取保険金	6,000	71,000
特　別　損　失		
固　定　資　産　売　却　損	8,030	
投資損失引当金繰入損	90,587	98,617
税　引　前　当　期　純　利　益		608,154
法人税、住民税および事業税		118098
法　人　税　等　調　整　額		132,870
当　期　純　利　益		357,186

＊ なお、IFRS (International Financial Reporting Standards : 国際財務報
告基準) を導入している会社においては、2012 年 12 月から「連結」
貸借対照表　・　「連結」損益計算書等について、「当期純利益」に
代えて「包括利益」での報告を行います。ただし、IFRS が適用強

制される会社は、EU の市場に上場しているなど、相当程度規模の大きな会社です。貸借対照表の表示も「純資産」表示ではなく「資本」の表示がされます。

◇**Question4.** 「**会計帳簿**」には**どのようなもの**がありますか**?**

(参考)名古屋地方裁判所平成19年1月18日民集63巻1号12頁
「…**会計の帳簿**とは、一定の時期における営業上の財産及びその価額並びに取引その他営業上の財産に影響を及ぼすべき事項を記載する帳簿、すなわち、**総勘定元帳、日記帳、仕訳帳、補助簿等**を意味し(旧商法33条1項参照)、会計の書類とは、会計の帳簿を作成する材料となった書類その他会計の帳簿を実質的に補充する書類を意味するものと解される。」

　＊「**会計帳簿**」をめぐる学説
　　(イ)　限 定 説：伝票・受取証・契約書・信書は、当然には会計帳簿に含まれません。
　　(ロ)　非限定説：広く伝票、受取証、契約書、信書を当然に会計帳簿に含みます。

◇**Question5.** **会社**は、◇**Question3.** の商業帳簿の**ほか**に何を**作成**しなければなりませんか**?**
◇**Question6.** 「**計算書類**」とは**何**ですか**?**
◇**Question7.** **商人**は、「**商業帳簿**」を**何年間保管**しなければなりませんか**? 会社**は**?**

商法 第19条第3項

商人は、帳簿閉鎖の時から十年間、その商業帳簿及びその営業に関する重要な資料を保存しなければならない。

3. 資産の評価

資産の評価方法には、次の①～③があります。

① **原価主義**：取得原価を基準(会社計算5条1項)とします。

② **時価主義**：市場価額（売却価額、再調達価額）とします。

　　　　　　　→ 資産状況（含み資産・含み損失）を適正に表示できる反面、インフレによる評価益を計上してしまうという欠点があります。

③ **低価主義**： 原価と時価の**いずれか低い価額**を**基準**とします。

　　　　　　　→ 評価の一貫性を欠きますが、企業財産の堅実性を図ることができます。

◇**Question8.** わが国は、**資産の評価**について**何主義を採用**していると考えられますか**?**

会社計算規則第5条(資産の評価)第6項第1号

次に掲げる資産については、事業年度の末日においてその時の時価又は適正な価格を付すことができる。

一 事業年度の末日における時価がその時の取得原価より低い資産

企業会計原則第三・五 A

…たな卸資産の貸借対照表価額は、時価が取得原価よりも下落した場合には時価による方法を適用して算定することができる。

```
── 会社計算規則第5条(資産の評価)第3項第1号 ──────────
  次の各号に掲げる資産については、事業年度の末日において当該
 各号に定める価格を付すべき場合には、当該各号に定める価格を付さ
 なければならない。
 一　事業年度の末日における時価がその時の取得原価より著しく低
    い資産(当該資産の時価がその時の取得原価まで回復すると認められる
    るものを除く。)　　事業年度の末日における時価
```

4. 流動資産と固定資産

①　流動資産 = 決算期の翌日から起算して**1年以内**に**現金化**
　　　　　　　　または**費用化**できる資産(会社計算74条1項
　　　　　　　　1号、4項)。

②　固定資産 ‒ 決算期の翌日から起算して**耐用年数**が**1年
　　　　　　　　以上**の資産(会社計算74条1項2号3号、4項)。

③　固定資産の償却：土地以外の固定資産 (建物、機械設備、
　　　　　　　　　　特許権等) → 耐用年数で「**減価償却**」。

＊　「**償却**」は、**費用化**のことです。

◇**Question9.　流動資産と固定資産の違い**は何ですか**?**

```
── 会社計算規則第5条(資産の評価)第2項 ──────────
  償却すべき資産については、事業年度の末日(事業年度の末日以外
 の日において評価すべき場合にあっては、その日。以下、この編において同
 じ。)において、相当の償却をしなければならない。
```

5. 繰延資産

　従来の株式会社の以下の 7 種類の繰延資産(改正前商法281条5項、改正前商法施行規則35条～41条)の規定が削除され、会社計算規則74条3項5号では、「繰延資産」とのみ記載されることとなりました。

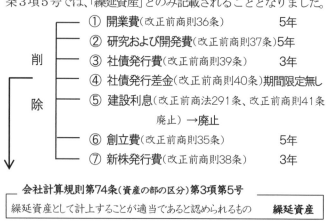

削

除

① 開業費(改正前商則36条)　　　　　5年

② 研究および開発費(改正前商則37条)5年

③ 社債発行費(改正前商則39条)　　　3年

④ 社債発行差金(改正前商則40条)期間限定無し

⑤ 建設利息(改正前商法291条、改正前商則41条
　　廃止)→廃止

⑥ 創立費(改正前商則35条)　　　　　5年

⑦ 新株発行費(改正前商則38条)　　　3年

___ 会社計算規則第74条(資産の部の区分)第3項第5号 ___

繰延資産として計上することが適当であると認められるもの	繰延資産

◇**Question10.** **繰延資産**はどのような**性質**を有する資産ですか**?**

6. Let's try !

問　商業帳簿に関する次の1から5までの各記述のうち，正しいものはどれか。

1. 商人は，営業時間内に債権者から請求を受けたときは，商業帳簿の謄本を交付しなければならない。

2. 商人は，商業帳簿を正確に作成しなければならないが，その

作成の時期に制約はない。

3. 商人は，商業帳簿として，会計帳簿のほか，貸借対照表及び損益計算書を作成しなければならない。

4. 商人は，帳簿閉鎖の時から10年間，その商業帳簿を保存しなければならない。

5. 商人は，営業年度が終了した後遅滞なく，貸借対照表を公告しなければならない。

～ ◇Question の ヒント 又は 答え ～

◇**Question1.** 条文のとおり(商19条1項、会社431条、会社614条)。**2.**「企業会計原則」のほか「中小企業の会計に関する指針」(平成17年8月3日 日本税理士連合会、日本公認会計士協会、日本商工会議所、企業会計基準委員会公表)、日本公認会計士協会の「実務指針」などが該当すると考えられています。**3.** 会計帳簿及び貸借対照表(商19条2項)。**4.** 日記帳・仕訳帳・元帳・総勘定元帳など、貸借対照表・損益計算書作成の元になるもの。**5.**「株式会社」については、貸借対照表・損益計算書(会社435条2項)、株主資本等変動計算書・個別注記表(会社計算59条1項)。「合名・合資会社」については、貸借対照表(会社617条1項)+損益計算書+社員資本等変動計算書又は個別注記表(会社計算71条1項1号)。**6.** 貸借対照表・損益計算書・株主資本等変動計算書・個別注記表(会社435条2項、会社計算59条1項)。なお、「事業報告」(改正前商法上の「営業報告書」から名称変更)は、会社法上「計算書類」から除外されました(会社435条2項)。**7.** 10年間(商19条3項)。なお、株式会社は会社法432条2項、持分会社は会社法617条4項でやはり10年間。**8.** 原価主義、低価主義の選択のみ(会社計算5条3項1号、6項1号)。取得原価主義を原則とし、時価が著しく低下して回復の見込みがない場合には低価法

を採用します（会社計算5条3項1号）。**9.** 1年以内に換金可能であるか否かによります。**10.** 実体は費用であるもののいったん資産として計上される擬制資産です。例えば、支出した10億円を支出年度に全て費用計上してしまうと、支出の効果が多年度にわたって持続するにもかかわらずその年度の業績だけが極端に悪化してしまいます。それゆえ、最初は資産として計上し、例えば5年間にわたって5分割して毎年2億円ずつ費用として計上する（繰延べる）ことによって費用支出の効果を平準化し、業績が一度に悪化して見えるのを防ぎます。

＃ Let's try！ の解答 ＃

正解 4 （2010年 新司法試験 短答式試験問題（民事系科目）〔第51問〕）
（参照）**1.** 商19条4項。**2.** 商19条2項により適時開示が要求されます。**3.** 商19条第2項カッコ書。**4.** 商19条3項。**5.** 商法には規定がありません。

★☆★ 第8章の主要参考文献 ★☆★ （著者 アイウエオ順）

上柳克郎＝北沢正啓＝鴻常夫編『商法総則・商行為法』（有斐閣双書,新版,1998年）77頁-96頁、落合誠一＝大塚龍児＝山下友信著『商法Ⅰ総則商行為』（有斐閣,第6版,2019年）68頁-93頁、同『商法Ⅰ総則商行為』（有斐閣,第4版,2009年）65頁-89頁、鴻常夫著『商法総則』（弘文堂,新訂第5版,1999年）251頁-273頁、各社のホームページ掲載の有価証券報告書、岸田雅雄著『ゼミナール商法総則・商行為法入門』（日本経済新聞社2003年）148頁-167頁、近藤光男著『商法総則・商行為法』（有斐閣,第8版,2019年）75頁-80頁、商事法務編『タクティクスアドバンス2011商法』（商事法務,2011年）20頁-21頁、拙著『楽しく学べる新・会社法』（現代図書,2015年）126頁-139頁、同『はじめての商法（総則・商行為）講義ノート』（関東学院大学出版会,2012年）43頁-49頁、田中誠二＝福岡博之共著『例解商法総則・商行為法』（有信堂,1964年）24頁-28頁、田村淳之輔＝戸塚登＝落合誠一編著『目で見

る商法教材』(有斐閣,第4版補訂版,2003年)50頁-51頁、法務省ホームページ平成22年新司法試験問題短答式試験問題〔民事系科目〕http://www.moj.go.jp/content/000046902.pdf、正解及び配点,http://www.moj.go.jp/content/000048299.pdf、法学セミナー編集部代表編『新司法試験の問題と解説』(日本評論社,2010年)177頁,223頁-224頁、『ジュリスト平成元年度重要判例解説』(有斐閣,平成2年)商法5事件106頁-107頁、弥永真生著『リーガルマインド商法総則・商行為法』(有斐閣,第2版補訂版,2007年)61頁-65頁。

第9章 営業所、営業の譲渡

本章では、営業所と呼ばれるものが何か、営業譲渡を行った企業は、営業譲渡を受けた者に対してどのような義務を負うか、について学びます。

目 次
1. 営業および営業所
2. 営業譲渡とは?

1. 営業および営業所

(1) 営業とは?

① **主観的**意味の**営業**：商人の「営業活動」に着目した捉え方(商5条、6条、14条など)。

② **客観的**意味の**営業**：商人の「財産」に着目した捉え方(商15条～商18条)(鴻常夫・後掲122頁)。

<通説>「**一定の営業目的のため組織化され有機的一体として機能する財産**」(最高裁は、これに加えて「営業者の地位の移転」を構成要素としていると解されています(倉沢康一郎=岩崎稜=奥島孝康=新山雄三=木内宜彦=森田章『分析と展開 商法I〔会社法〕』(弘文堂,1987年)264頁-265頁〔新山雄三〕。)

(2) 営業所

営業所は、「**営業活動の中心である一定の場所**」です。(出張所・営業所・支社・支部 (実質で判断)) また、商行為によって生じた**債務**等の**履行場所**(商516条)となります。

さらに、下記の通り**裁判管轄**の決定等にも関係があります。

民事訴訟法 第4条（普通裁判籍による管轄）

1　訴えは、被告の普通裁判籍の所在地を管轄する裁判所の管轄に属する。

4　法人その他の社団又は財団の普通裁判籍は、その主たる事務所又は営業所により、事務所又は営業所がないときは代表者その他の主たる業務担当者の住所により定まる。

民事訴訟法 第5条（財産権上の訴え等についての管轄）

　次の各号に掲げる訴えは、それぞれ当該各号に定める地を管轄する裁判所に提起することができる。

五　事務所又は営業所を有する者に対する訴えでその事務所又は営業所における業務に関するもの　　当該事務所又は営業所の所在地

民事訴訟法 第103条（送達場所）第1項

　送達は、送達を受けるべき者の住所、居所、営業所又は事業所（以下この節において「住所等」という。）においてする。ただし、法定代理人に対する送達は、本人の営業所又は事業所においてもすることができる。

◇Question 1.　**工場**は**営業所**に当たりますか**？**

　「**本店**」　対　「**支店**」

・「**本店**」：全ての**営業の本部**としての**営業所**。

・「**支店**」：**本店の指揮命令下**に置かれつつも、**一定の範囲内**で**独立して活動する権限**を与えられている**営業所**。
　　　　　　（支店 ≠ 出張所・売店）

＊ 支店の所在地においても、本店所在地におけるのと同様、
①商号、②本店の所在場所、③支店の所在場所を登記し
なければなりません（会社930条2項）。

2. 営業譲渡とは? ～ 組織的一体としての営業（客観的意味の営業）を移転する債権契約 ～

(1) 営業譲渡に関する**判例**の立場

最高裁判所昭和40年9月22日大法廷判決民集19巻6号1600頁＜百
選15事件＞

＜**多数意見**＞「〔改正前〕商法二四五条一項一号〔現行会社法467条1
項1号・2号〕によつて特別決議を経ることを必要とする営業の譲渡とは、
同法二四条〔現行商法15条・会社法467条1項1号・2号〕以下にいう営
業の譲渡と同一意義であつて、営業そのものの全部または重要な一部
を譲渡すること、詳言すれば、一定の営業目的のため組織化され、有機
的一体として機能する財産（得意先関係等の経済的価値のある事実関係
を含む。）の全部または重要な一部を譲渡し、これによつて、譲渡会社が
その財産によつて営んでいた営業的活動の全部または重要な一部を譲
受人に受け継がせ、譲渡会社がその譲渡の限度に応じ法律上当然に
同法二五条〔現行商法16条1項〕に定める競業避止義務を負う結果を伴
うものをいうものと解するのが相当である。」（〔　　〕内は著者加筆）

　＊ 譲受人は、非商人でよく、譲り受けのときから、商人となります。

◇**Question2.** 　上記**判例**によれば「**営業**」とは**どのようなもの**である
と解されていますか**?**

◇**Question3.** 　**営業譲渡**によって譲渡される**財産**は、**積極財産**(+)

と消極財産(-)の内のどちらですか?

(2) 営業譲渡の効果

　　憲法は、職業選択の自由を謳っています(憲22条1項)。しかし、これを無制限に認めてしまうと、営業譲渡を受けた者が被害を被る可能性が高くなります。一方、無制限に譲渡人の競業を禁止すると、今度は譲渡人の営業の自由を制約してしまうことになります。この点を調整するため、商法は、一定の制限をかけて地理的・時間的範囲を定めています。

(参考) 職業選択の自由(憲22条1項)

「何人も、公共の福祉に反しない限り、居住、移転及び職業選択の自由を有する。」

① 営業譲渡の対抗要件：登記(商15条2項)

② 競業避止義務

(イ) 当事者間で特約がある場合 (5年・10年・20年の競業避止義務の特約) ⇒ 特約に従う。

商法 第16条(営業譲渡人の競業の禁止)第1項<2014年法42改正>

　営業を譲渡した商人(以下この章において「譲渡人」という。)は、当事者の別段の意思表示がない限り、同一の市町村(特別区を含むものとし、地方自治法(昭和二十二年法律第六十七号)第二百五十二条の十九第一項の指定都市にあっては、区又は総合区。以下同じ。)の区域内及びこれに隣接する市町村の区域内においては、その営業を譲渡した日から二十年間は、同一の営業を行ってはならない。

(ロ) 営業譲渡の当事者間で特約が無い場合(商16条1項、会社21条1項) ⇒ 同一市町村・隣接区域内で 20年。

(ハ) 譲渡人が**同一の営業を行わない**旨の**特約**をした場合（商1
6条2項、会社21条2項）⇒ **30年**に限り**有効**。〔改正前商法25
条2項が同府県と隣接府県内に限っていた制限を企業のグロー
バル化にあわせてなくしました。〕

(ニ) **不正の競争の目的**をもってする場合（商16条3項、会社21
条3項）⇒ **できない**。

③ 第三者Cに対する関係

(a) 営業の**譲受人**Bが譲渡人Aの商号を（事実上）引き**続き使
用**する場合（商17条1項、会社22条1項・24条）

通常、Aの債権者Cが商号の譲渡を知らないか、又は商
号譲渡によって**債権債務の全て**が移転したと見ます。
譲受人BもAの営業債務について**連帯責任**（不真正連帯
債務）・無限責任を負います。

* 但し、Bが債務の弁済責任を負わない旨を登記するかまたは
AおよびBがCに対してその旨を通知した場合、Bは、弁済
責任を負いません（会社17条2項、22条2項）。なお、免責の登
記は、**譲受人**Bが**申請**します（商登31条1項）。

◇Question4. 「**有限会社米安商店**」と「**合資会社新米安商店**」の
間に**商号**の**続用**はありますか**？**

（参考）最高裁昭和38年3月1日第二小法廷判決民集17巻2号280頁
　　　　＜百選17事件＞

「しかし、会社が事業に失敗した場合に、再建を図る手段として、いわゆる
第二会社を設立し、新会社が旧会社から営業の譲受を受けたときは、従

来の商号に『新』の字句を附加して用いるのが通例であって、この場合『新』の字句は、取引の社会通念上は、継承的字句ではなく、却って新会社が旧会社の債務を承継しないことを示すための字句であると解せられる。本件において、上告会社の商号である『合資会社新米安商店』は営業譲渡人である訴外会社の商号『有限会社米安商店』と会社の種類を異にしかつ『新』の字句を附加したものであって、右は〔改正前〕商法二六条〔現行商法17条〕の商号の続用にあたらない…」（〔 〕内は著者加筆）

（参考）最高裁平成16年2月20日第二小法廷判決民集58巻2号367頁＜百選18事件＞

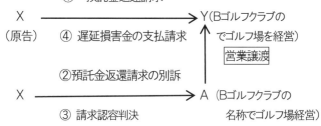

（判旨）破棄差戻し。

「預託金会員制のゴルフクラブの名称（B）がゴルフ場の営業主体（A）を表示するものとして用いられている場合において、ゴルフ場の営業の譲渡がされ、譲渡人（A）が用いていたゴルフクラブの名称（B）を譲受人（Y）が継続して使用しているときには、譲受人（Y）が譲受後遅滞なく当該ゴルフクラブの会員によるゴルフ場施設の優先的利用を拒否したなどの特段の事情がない限り、会員（X）において、同一の営業主体による営業が継続しているものと信じたり、営業主体の変更があったけれども譲受人（Y）により譲渡人（A）の債務の引受けがされたと信じたりすることは、無理からぬ

ものというべきである。したがって、譲受人(Y)は、上記特段の事情がない限り、〔改正前〕商法26条1項〔会社22条1項、商17条1項〕の類推適用により、会員(X)が譲渡人(A)に交付した預託金の返還義務を負うものと解するのが相当である。」（（　）〔　〕内は著者加筆）

◇**Question5.　なぜ本件**においては、**新商法 17 条 1 項**が適用ではなく**類推適用**されていると考えられますか**?**

(*b*) 営業の**譲受人Bが譲渡人Aの商号を引き続き使用しない**場合

　　＜原則＞　Bは、Aの債務について弁済の**責め**を負わない。

　　＜例外＞　Bが債務を引受ける旨の**広告**をした場合にはAの**債権者C**は、Bに対して弁済の**請求**をすることができます（商18条1項）。

◇**Question6.　挨拶状を配布**した場合は、「**債務を引受ける旨の広告**」をしたことになりますか**?**

(*c*) Bに営業譲渡した**譲渡人Aの債務の消滅時効期間**：営業（会社の場合は「事業」）譲渡した日から**2年**（商17条3項、18条2項、会社22条3項、23条2項、24条）

(*d*) 譲渡人Aの営業上の**債務者Dが譲受人B**にした**弁済**（商17条4項、会社22条4項）：Dが**善意・無重過失**のときは**有効**。

～ ◇Question の ヒント 又は 答え ～

◇**Question1.** 当たりません。単に事実行為（製造・加工・保存等）を行う場

所であるからです。なお、売店も単に機械的に取引をなす場所であることから、同じく営業所ではないと解されます。**2.** 一定の営業目的のため組織化され有機的一体として機能する財産であると解されており、「営業用財産」とは異なります。**3.** 積極財産および消極財産の両方。**4.** ありません。**5.** Aの商号それ自体ではなく、ゴルフ場の名称Bを譲渡したため。**6.** 当たらないと解するのが判例の立場（最判昭和36年10月13日民集15巻9号2320頁＜百選20事件＞）。

★☆★ 第9章の主要参考文献 ★☆★　　（著者 アイウエオ順）

上柳克郎＝北沢正啓＝鴻常夫編『商法総則・商行為法』（有斐閣双書,新版,1998年）40頁-46頁,119頁-132頁、江頭憲治郎＝山下友信編『別冊ジュリスト商法（総則・商行為）判例百選』（有斐閣,第5版,2008年）18事件〔藤田友弘〕・20事件〔鈴木千佳子〕・21事件〔岸田雅雄〕・23事件〔鈴木隆元〕38頁-39頁,42頁-45頁,48頁-49頁、鴻常夫著『商法総則』（弘文堂,新訂第5版,1999年）121頁-158頁、落合誠一＝大塚龍児＝山下友信著『商法Ⅰ総則商行為』（有斐閣,第6版,2019年）44頁-51頁,119頁-128頁、神作裕之＝藤田友敬編『別冊ジュリスト商法判例百選』（有斐閣,第6版,2019年）15事件〔藤田友敬〕・17事件〔鈴木千佳子〕・18事件〔小林量〕・20事件〔鈴木隆元〕32頁-43頁、岸田雅雄著『ゼミナール商法総則・商行為法入門』（日本経済新聞社,2003年）123頁-138頁、倉沢康一郎＝岩崎稜＝奥島孝康＝新山雄三＝木内宜彦＝森田章著『分析と展開 商法Ⅰ〔会社法〕』（弘文堂,1987年）263頁-268頁〔新山雄三〕、近藤光男著『商法総則・商行為法』（有斐閣,第8版,2019年）106頁-122頁、拙著『はじめての商法（総則・商行為）講義ノート』（関東学院大学出版会,2012年）50頁-53頁、弥永真生著『リーガルマインド商法総則・商行為法』（有斐閣,第2版補訂版,2007年）47頁-59頁。

第10章 商業使用人～支配人その他の使用人、表見支配人

本章では、2003 年以降、訴訟費用が安くなって増加して
きた株主代表訴訟制度の仕組みについて学びます。初めは
個人で営んでいた企業も、段々と規模が拡大していくと、
補助者を雇って手伝ってもらう必要性が生じます。本章で
は、企業規模の拡大に伴って必要となる「支配人」および
その他の使用人に与えられた代理権がどのようなものであ
るか、支配人であると信じて取引をした第三者をどのよう
に保護するか、について学びます。

目　次

1. 企業内補助者と企業外の補助商

┌ 企業内補助者：商業使用人（総則）

└ 企業外の補助商：代理商（総則）、取次（商行為）、仲立（商

　　　　　　　　　　行為）

☞　特定の商人に従属する点で代理商は商業使用人に似ています。
　それゆえ、商法第一編（総則）で併せて規定されています。

◇Question1.　使用人とは?

商業使用人	①　**支配人**（商20条以下）〔改正前商37条以下〕
	②　**ある種類又は特定の事項の委任を受けた使用人** （商25条、会社14条）☞　番頭・手代〔改正前商法43条〕 →「部長・課長」へ時代とともに名称変更。
	③　**物品店舗の使用人**（商26条）〔改正前商44条〕

＊　商業使用人　☞　特定の商人に従属する補助者であって、その商
　　　　　　　　　人の営業上の代理権を有する者。

2. 支配人（商20条、21条1項、会社10条、11条1項）

　支配人の名称の例として、**支配人・支店長・マネージャー・店長**があげられます。しかしここで重要なのは、**支配人としての権限**を与えられているか否かです。支配人は、**自然人**でなければならないと解されていますが、行為能力者でなくてもよいとされています（民102条）。

＊「支配人」の**定義**

　支配人の定義は、〈通説〉と〈少数説〉で次のように異なります。

〈通　説〉（実質説）

　「営業主である商人に代わって**営業に関する一切の裁判上又は裁判外の行為をなす権限**（包括的代理権）を有する商業使

用人」(商21条1項)(波線は著者加筆)

〈少数説〉(形式説)

「本店または支店の営業の主任者である**支配人**として**選任**された者」(**商20条**)

商法 第20条(支配人)

商人は、支配人を選任し、その営業所において、その営業を行わせることができる。

商法 第21条(支配人の代理権)

1 支配人は、商人に代わってその営業に関する一切の裁判上又は裁判外の行為をする権限を有する。

2 支配人は、他の使用人を選任し、又は解任することができる。

3 支配人の代理権に加えた制限は、善意の第三者に対抗することができない。

---

(1) 選任・終任

① 支配人の**選任**:**営業主**である**商人**またはその代理人が行います(商20条、会社10条)。

◇**Question2. 支配人は、支配人を選任する権限を有しますか?**

② 支配人の**終任**:代理権の消滅または**雇用関係の終了**によって終任します。

・代理権の消滅原因である**解任**および**終任**(民651条1項)

・**営業主の破産**(民111条2項・653条2号)

・**支配人の死亡、成年被後見人**または**破産**(民111条1項2

号）

◇Question3.　営業主の死亡は、支配人の終任事由となりますか?

(2) 登記（商22条、会社918条）

絶対的登記事項：支配人の選任、代理権の消滅。

(3) 支配人の代理権

①　営業に関する**包括的代理権**（商21条1項、会社11条1項）

②　他の使用人の**選任・解任**権（商21条2項、会社11条2項）

(4) 支配人の代理権の制限（商21条3項、会社11条3項）

取引の種類・金額・地域・時期・相手方等

(5) 共同支配人〔改正前商39条1項〕：営業主は、数人の支配人が
　　　　　　　　　　　　共同してのみ代理権を行使すべき旨を定める

（廃止）　　　ことができる。

→　支配人の広大な支配権の乱用を防止することを目的と
　　する制度ですが、会社法制定に伴い会社の共同代表取
　　締役制度〔改正前商261条2項〕とともに**廃止**されました。

(6) 支配人の義務

①　営業避止義務（商23条1項1号・3号・4号、会社12条1項1
　　　　　　　　　　号・3号・4号）

商人の許可を得ずに勝手に自ら営業を行ったり、会社の
無限責任社員・取締役もしくは他の商人・会社の使用人と
なることはできません。

（規制の目的）**精力分散防止**。営業主の営業に全力を尽く
させるため。

②　競業避止義務（商23条1項2号、会社12条1項2号）

商人の許可を得ずに勝手に自己又は第三者のために**営業主の営業の部類に属する取引**を為すことはできません。

（例）パン屋の支配人が営業主に内緒で自らパン屋を経営する。

（規制の目的）営業主との間の競業的関係の発生を防止するため。

◇**Question4.** 支配人がもし**競業避止義務**に**違反**したら**?**

＜改正＞営業主による「介入権の行使」の規定〔改正前商41条2項〕が廃止されました。

3. 表見支配人（商24条本文、会社13条本文）〔改正前商42条〕

― **商法 第24条**（表見支配人）
商人の営業所の営業の主任者であることを示す名称を付した使用人は、当該営業所の営業に関し、一切の裁判外の行為をする権限を有するものとみなす。ただし、相手方が悪意であったときは、この限りでない。

企業内に支配人を置くか否かは営業主の自由です。支配人であるか否かは、支配権が実質的に与えられているかによって決まり、名称がどのようなものであっても支配権が与えられていない限り支配人ではありません。しかし、支店長や営業所長は、一見、支店や営業所の一切の取引について営業主を代表する権限を有する者であると一般公衆が捉えるのが通常です。そこで、支配人らしき人との間で取引を行った第三者の保護を図る必要が生じます。

(1) 制度趣旨

外観を尊重する商法が民法の表見代理（民109・110・112条）の取り扱いについて制度的に解決したもの（鴻常夫『商法総則』（弘文堂、新訂第5版、1999年）175頁）。

(2) 要件

①　営業所：商法にいうところの**実質**を備えていること。
名称は、出張所・営業所・支社でも構いません（実質で判断します）。

（参考）最高裁昭和37年5月1日第三小法廷判決民集16巻5号1031頁＜百選23事件＞

（判旨）上告棄却。

「〔改正前〕商法四二条〔＝現行会社13条、商法24条〕にいう『本店又は支店』とは商法上の営業所としての実質を備えているもののみを指称すると解するのを相当とするから、右のような実質を欠き、ただ単に名称・設備などの点から営業所らしい外観を呈するにすぎない場所の使用人に対し支配人類似の名称を付したからといつて、同条の適用があるものと解することはできない。…支社は、被上告会社の主たる事務所と離れて一定の範囲において対外的に独自の事業活動をなすべき組織を有する従たる事務所たる実質を備えていないものであるから、商法四二条の支店に準ずるものではなく、したがつて、同支社長◎◎も同条にいわゆる支店の営業の主任者に準ずるものでないと解すべきであ」る。（◎◎は著者改変。〔　〕内は著者加筆）

◇Question5.　工場は営業所といえますか?

◇Question6. **所長代理**は**支店長**ですか**?**

（参照）最高裁昭和59年3月29日第三小法廷判決集民141号481頁、
　　　　判タ544号125頁＜百選24事件＞

（判旨）破棄差戻し。

「◎◎は、上告人と雇用関係がなく、また、本件営業所の『所長代理』の
肩書が付されていたにとどまるというのであるから、◎◎は、上告人の使
用人ということはできないし、また、本件営業所の主任者たることを示す名
称が付されていたともいえないから、◎◎が同条1項本文〔＝現行会社1
3条、商法24条（表見支配人）〕により本件営業所の支配人と同一の権限
を有するものと看做されるべきであると解することはできない。」（◎◎は著者
改変。〔　〕内は著者加筆）

◇Question7. **表見支配人の権限**から**裁判上の行為**が**除**かれてい るのは**なぜ**ですか**?**

② **表見支配人**との**取引**で**保護される相手方**（**商24条但書**）に 関する**判例**

（参考）最高裁昭和59年3月29日第一小法廷判決集民141号481頁、
　　　　判タ544号125頁＜百選24事件＞

（判旨）破棄差戻し。

「同条二項〔改正前商法42条2項〕〔＝現行会社法13条、商法24条（表見
支配人）〕にいう相手方等にいわゆる表見代理が成立しうる第三者は、当
該取引の直接の相手方に限られるものであり、手形行為の場合には、
…実質的な取引の相手方をいうものと解すべきである…。」（〔　〕内は著
者加筆）

◇**Question8.**　**取引の相手方はどのような場合に保護されますか?**

◇**Question9.**　**横浜市で営業している八景商事の経営者・六浦太郎氏は、規模拡大のため小田原市に八景商事小田原支店を設立してその支店長に海老名次郎氏を選任し、海老名氏に営業に関する300万円以内の取引を自由に行う権限を付与**しました。ところが**海老名氏は、六浦太郎に何らの報告もせず、横浜市の機械メーカー・浜野電器から2000万円の営業用機材を購入したため、海老名氏を支配人だと過失無く信じた浜野電器が八景商事の営業主・六浦氏に対して2000万円の支払いを請求**してきました。この場合、**六浦氏は、どのような理由に基づいて浜野電気に対して2000万円を支払う**ことになりますか**?**

③　代理権に**制限**が**加**えられた場合 〜 支配人の定義の仕方によって適用条文が異なります。

(イ) 実質説(通説)の場合

☞　代理権に加えられた制限が大きければ、表見支配人(商24条)。小さければ、代理権に制限が加わったもの(商21条3項)。

(ロ) 形式説(少数説)の場合

☞　支配人としての選任手続を経ていないのが表見支配人(商24条)。

→　代理権に制限が加えられただけの場合、商法21条3項の問題としてスムーズに解決すること

が可能です。

4. ある種類又は特定の事項の委任を受けた使用人（商25条、会社14条）

> **商法第25条（ある種類又は特定の事項の委任を受けた使用人）**
>
> 1 商人の営業に関するある種類又は特定の事項の委任を受けた使用人は、当該事項に関する一切の裁判外の行為をする権限を有する。
>
> 2 前項の使用人の代理権に加えた制限は、善意の第三者に対抗することができない。

これは、販売・仕入れ・貸付・出納などの仕事を行っている使用人です（営業部長・課長など）。

改正前は、「**番頭**」「**手代**」という文言が使われてきました。これは、現在の**部長・課長・係長・主任**という名称に相当します（呼称ではなく、代理権の付与の有無によって判断されます）。

改正前は、下記のとおり、江戸時代からの名残で100年以上もの間、「番頭」「手代」という文言が使われてきました。越後屋さん(三越)、白木屋さん（東急百貨店）を思い出しますね。

> **改正前商法第43条（ある種類又は特定事項を委任された使用人）第1項**
>
> 番頭、手代其ノ他営業ニ関スル或種類又ハ特定ノ事項ノ委任ヲ受ケタル使用人ハ……

（参考）最高裁平成2年2月22日第一小法廷判決集民159号169頁
　　　　＜百選26事件＞
（判旨） 上告棄却。

「〔改正前〕商法四三条一項〔現行会社法14条1項（ある種類又は特定の事項の委任を受けた使用人）、現行商法25条1項（同））は、番頭、手代その他営業に関するある種類又は特定の事項の委任を受けた使用人は、その事項に関し一切の裁判外の行為をなす権限を有すると規定しているところ、右規定の沿革、文言等に照らすと、その趣旨は、反復的・集団的取引であることを特質とする商取引において、番頭、手代等営業主からその営業に関するある種類又は特定の事項（例えば、販売、購入、貸付、出納等）を処理するため選任された者について、取引の都度その代理権限の有無及び範囲を調査確認しなければならないとすると、取引の円滑確実と安全が害される虞れがあることから、右のような使用人については、客観的にみて受任事項の範囲内に属するものと認められる一切の裁判外の行為をなす権限すなわち包括的代理権を有するものとすることにより、これと取引する第三者が、代理権の有無及び当該行為が代理権の範囲内に属するかどうかを一々調査することなく、安んじて取引を行うことができるようにするにあるものと解される。…そして、右趣旨に鑑みると、〔改正前〕同条二項〔現行会社法14条2項、現行商法25条2項）、〔改正前〕三八条三項〔現行会社法11条3項（支配人の代理権）、現行商法21条3項（同））にいう『善意ノ第三者』には、…重大な過失のある第三者は含まれないと解するのが相当である。」（〔　　　〕内は著者加筆）

5.　**物品販売店舗の使用人**（商26条、会社15条）

> ___ **商法第26条**（物品の販売等を目的とする店舗の使用人）
> 　物品の販売等（販売、賃貸その他これらに類する行為をいう。以下この条において同じ。）を目的とする店舗の使用人は、その店舗に在る物品の販売等をする権限を有するものとみなす。ただし、相手方が悪意であったときは、この限りでない。

「物品販売店舗の使用人」は、物品の「**販売**」についての代理権を有する者です。⇔　物品の「**買入れ**」ではありません。

　　（例）携帯電話ショップの販売員、コンビニエンスストアの販売員。

（<u>立法趣旨</u>）商法は、取引の安全を保護するため、**支配人**や**商法25条**の「**ある種類又は特定の事項の委任を受けた使用人**」ではない使用人（代理権を有さず**専ら労務に服する者**）である「**物品販売店舗の使用人**」が店舗の物品「**販売**」**権限**を有するものとみなして（商26条本文）、善意の第三者に対して無権限や制限を対抗できないこととしました（商26条但書）。

◇**Question10.　全く関係のない喫茶店内**で行われた**買い注文**に**応ずる行為**は、**物品店舗の使用人**の**権限内**の行為に属しますか**？**

6. Let's try !

問1　個人の商人が選任する支配人に関する次のアからオまでの記述のうち、正しいものを組み合わせたものは、後記1から5までのうちどれか。

　　ア. 支配人は、営業所のうち支店に置かれるものであり、本店に置くことはできない。

　　イ. 支配人は、弁護士でなくとも、商人に代わってその営業に関する裁判上の行為をする権限を有する。

　　ウ. 支配人は、商人の許可を受けないで、自ら営業を行うこと

や他人の商人の使用人となることができない。

エ．支配人を選任したものの、その登記をしていない場合は、商人は、その支配人が当該商人のためにすることを示して行った取引の相手方に対し、当該取引が有効であると主張することができない。

オ．判例によれば、営業としての実質がない場所を営業所と称し、そこに置いた使用人に支配人類似の名称を付している場合には、この使用人は、表見支配人に該当する。

1. ア　ウ　2. ア　エ　3. イ　ウ　4. イ　オ　5. エ　オ

問2 個人商人（小商人に当たる者を除く。）の商業使用人に関する次のアからオまでの各記述のうち、誤っているものを組み合わせたものは、後記1から5までのうちどれか。

ア．代理商は、商業使用人の一種である。

イ．物品の販売を目的とする店舗の使用人は、善意の相手方に対しては、その店舗内に在る物品の販売をする権限を有するものとみなされる。

ウ．支配人の選任及びその代理権の消滅については、その登記をしなければならない。

エ．支配人が商人の許可を受けないで自己又は第三者のためにその商人の営業の部類に属する取引をしたときは、当該取引によって当該支配人又は第三者が得た利益の額は、その商人に生じた損害の額と推定される。

オ．商人の営業所の営業の主任者であることを示す名称を付した

使用人は、善意の相手方に対しては、当該営業所の営業に関し、支配人と同一の権限を有するものとみなされる。

1. アエ　2. アオ　3. イウ　4. イエ　5. ウオ

第10章 の 復習問題

問1 以下の文章のカッコ内にあてはまる適切な語を記入しましょう。

特定の商人に従属する補助者であって、その商人の営業上の代理権を有する者を、企業外の補助商である代理商・取次・仲立と区別して、商法上、（ **①** ）と呼んでいる。この（ **①** ）の中でも、その商人に代わってその営業に関する（ **②** ）の行為をなす包括的代理権を有する者を商法上、（ **③** ）と呼び、例えば店長やマネージャーなどが挙げられる。

（ **③** ）の選任は、その営業主である商人が行う。その終任は、代理権または雇用関係の終了によるところ、営業主である商人が死亡した場合には、（ **③** ）は、終任（ **④** ）とされている。

（ **③** ）の選任およびその代理権の消滅は、登記事項とされ、代理権に加えた制限を善意の第三者に対抗することはできない。

（ **③** ）は、営業主の機密事項を知る立場にある。そこで、（ **③** ）は、その義務として、自ら営業をなし、会社の無限責任社員・取締役もしくは他の商人の使用人となることができない（ **⑤** ）義務を負っている。加えて、自己または第三者のために営業主の営業の部類に属する取引をなすことができない（ **⑥** ）義務を負う。（ **③** ）らしい名称を付された者は、（ **⑦** ）として当該営業所の営業に関する一切の（ **⑧** ）の行為を為す権限

を有することとなり、善意の第三者に対して責任を負う。

問2　次のそれぞれの問いについて考えてみましょう。

(1)　　商業使用人とは、どのような人ですか。

(2)　　わが国で規定されている商業使用人には、どのような類型
　　　　があありますか。

(3)　　ある商人が小田原と横浜の双方に店を出しています。Aが
　　　　小田原支店の支配人に選任されたとき、Aの権限は、横浜
　　　　支店にも及びますか。

(4)　　支配人が負う義務にはどのようなものがありますか。

(5)　　商法（総則）の中で、表見法理が具体化されている条文は
　　　　どれですか。

～ ◇Question の ヒント 又は 答え ～

◇Question1. 雇用契約（民623条以下）によって特定の使用者に従属する者。**2.** 支配人は、当然には支配人を選任する権限を有していません（商21条2項の反対解釈）。**3.** なりません（商506条、民111条1項1号対照）。**4.** 被害を受けた商人は、支配人らの得た利益を自己の損害額として（商23条2項）損害賠償請求を行うとともに支配人を解任できます。**5.** 事実行為が行われる「工場」、営業についての意思決定を行う権限の無い「売店」は営業所とは言えません。**6.** 支店長代理（最判昭和59年3月29日集民141号481頁、判夕544号125頁〈百選24事件〉）は、客観的に上席者の存在を予定する者であることから、営業の主任者を示す者であるとは言えません。**7.** あたかも支配人であるかのような名称から支配権があると信じて取引をする相手方を保護することを目的としているため。**8.** 保護される相手方は、善意・無重過失でありかつ**直接の相手方**に限られます（最判昭和59年3月29日集民141号481

頁、判タ544号125頁〈百選24事件〉）。悪意とは、支配人でないことを知っている場合をいいます。**9.** 少数説である形式説によると、支配人としての選任手続を経ている者が支配人となることから、支配権に加えられた制限の問題（商21条3項）として経営者である六浦氏が善意の海老名氏に2000万円の支払い責任を負います。一方、多数説の実質説によると、営業主に代わって営業に関する一切の裁判上または裁判外の行為を為す権限（**包括的代理権**）を有する者が支配人となりますので、2000万円もの取引を勝手に行った場合、表見支配人（商24条）の問題として経営者の六浦氏が責任を負うと考えられます。**10.** 販売店舗の使用人の権限に属しないと解されます（福岡高判昭和25年3月20日下民1巻3号371頁）。

Let's try! の解答

問1 **正解3** 　（2008年度 新司法試験 短答式試験問題集〔民事系科目〕〔第50問〕）

問2 **正解2** 　（2016年司法試験予備試験 短答式試験問題集〔民法・商法・民事訴訟法〕〔第27問〕）

第10章の復習問題の解答

1. ①商業使用人、②一切の裁判上又は裁判外（商21条1項）、③支配人（商20条、21条1項）、④しない（商506条。民111条1項1号対照）、⑤営業避止（商23条1項1号・3号・4号）、⑥競業避止（商23条1項2号）、⑦表見支配人（商24条本文）、⑧裁判外（商24条）。**2. (1)** 雇用契約により特定の商人に従属し、かつ商人の営業上の代理権を有する者。**(2)** 支配人（商20条）、ある種類又は特定の事項の委任を受けた使用人（商25条）、物品店舗の使用人（商26条）。**(3)** 及びません。**(4)** ①営業避止義務（商21条1項1号3号4号）、②競業避止義務（商21条1項2号）等。**(5)** 不実登記（商9条2項）、名

板貸し(商14条)、表見支配人(商24条)等。

★☆★　第10章の主要参考文献　★☆★　(著者 アイウエオ順)

上柳克郎=北沢正啓=鴻常夫編『商法総則・商行為法』(有斐閣双書,新版,1998年)97頁-110頁、江頭憲治郎=山下友信編『別冊ジュリスト商法(総則・商行為)判例百選』(有斐閣,第5版,2008年)27事件〔山田廣己〕・28事件〔柴崎暁〕・29事件〔大杉謙一〕・30事件〔吉本健一〕56頁-63頁、鴻常夫著『商法総則』(弘文堂, 新訂第5版,1999年)159頁-180頁、落合誠一=大塚龍児=山下友信著『商法Ⅰ総則商行為』(有斐閣,第6版,2019年)94頁-105頁、同『商法Ⅰ総則商行為』(有斐閣,第4版,2009年)90頁-99頁、神作裕之=藤田友敬編『別冊ジュリスト商法判例百選』(有斐閣,第6版,2019年)23事件〔岡田陽介〕・24事件〔柴崎暁〕・25事件〔大杉謙一〕・26事件〔松井智予〕48頁-55頁、岸田雅雄著『ゼミナール商法総則・商行為法入門』(日本経済新聞社,2003年)105頁-123頁、近藤光男著『商法総則・商行為法』(有斐閣,第5版補訂版,2008年)79頁-95頁、商事法務編『タクティクスアドバンス2011商法』(商事法務,2011年)14頁-15頁、拙著『はじめての商法(総則・商行為)講義ノート』(関東学院大学出版会,2012年)54頁-61頁、法学セミナー編集部代表編『新司法試験の問題と解説2008』(日本評論社,2008年)176頁,179頁、法務省・平成20年新司法試験・短答式試験問題集〔民事系科目〕http://www.moj.go.jp/content/000006412.pdf,正解及び配点法務省・平成28年司法試験予備試験・短答式試験問題集[民法・商法・民事訴訟法]http://www.moj.go.jp/content/001183390.pdf、民法・商法・民事訴訟法の正解及び配点http://www.moj.go.jp/content/001185319.pdf、法務省民事局「商法及び国際海上物品運送法の一部を改正する法律案新旧対照条文」http://www.moj.go.jp/content/001261326.pdf、弥永真生著『リーガルマインド商法総則・商行為法』(有斐閣,第2版補訂版,2007年)67頁-80頁。

第11章 代理商・仲立営業・問屋営業

本章では、企業が成長・拡大するにつれて全国規模での取引になってきます。本章では、前章で見た企業内の補助者と異なり、企業外の補助商である代理商、仲立営業、問屋営業がそれぞれどのような役割を果たしているか、について学習します。

目 次

1. 代理商

　代理商とは、特定の商人のためにその平常の営業の部類に属する取引の代理または媒介をする者であって、その商人の使用人でない者(商27条カッコ書、会社16条カッコ書)をいいます。

　＊代理商は、商法上の商人(商4条、502条11号・12号)です。

(1) 商業使用人との区別

	代 理 商	商業使用人
独 立 性	独　　立	営業主に従属
報　　酬	手数料 報酬	定額 報酬
費用の負担	営業に必要な費用を自ら負担	負担しない
商人の数	数人の商人のため	ほとんど一人の商人のため

(2)　締約代理商と媒介代理商

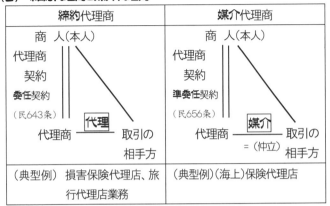

締約代理商	媒介代理商
商　人（本人） 代理商 契約 **委任契約** （民643条） 代理商 —[代理]— 取引の相手方	商　人（本人） 代理商 契約 **準委任契約** （民656条） 代理商 —[媒介]= （仲立）— 取引の相手方
（典型例）損害保険代理店、旅行代理店業務	（典型例）（海上）保険代理店

◇**Question1.**　**本人**である**商人の死亡**によって**代理商契約**は**消滅**しますか**?**

(3)　代理商に関する特別規定

①　通知義務（商27条、会社16条）

─ **商法 第27条（通知義務）** ─────────
　代理商（商人のためにその平常の営業の部類に属する取引の代理又は媒介をする者で、その商人の使用人でないものをいう。以下この章において同じ。）は、取引の代理又は媒介をしたときは、遅滞なく、商人に対して、その旨の通知を発しなければならない。
────────────────────────

　これは、代理商が商人の取引の**代理・媒介**を**行った**とき、その旨を遅滞なく**商人**に**知らせる**義務です。
　⇔　民法上は、受任者の請求があるときはいつでも委任事務の処

理状況を報告し、委任が終了した後は遅滞なくその経過及び結果を報告しなければなりません（民645条、656条）。

②　競業避止義務（商28条1項1号・2号、会社17条1項1号・2号）

これは、支配人のところで学習した内容と同じです。

商法第28条（代理商の競業の禁止）

1　代理商は、商人の許可を受けなければ、次に掲げる行為をしてはならない。

一　自己又は第三者のためにその商人の営業の部類に属する取引をすること。

二　その商人の営業と同種の事業を行う会社の取締役、執行役又は業務を執行する社員となること。

2　代理商が前項の規定に違反して同項第一号に掲げる行為をしたときは、当該行為によって代理商又は第三者が得た利益の額は、商人に生じた損害の額と推定する。

---

③　留置権（商31条、会社20条）⇔ 商521条・民295条と比較

留置権とは、他人のモノの占有者が自己の債権の弁済を受けるまでの間、他人のモノを自分のところに留め置く権利です。

商法　第31条（代理商の留置権）

代理商は、取引の代理又は媒介をしたことによって生じた債権の弁済期が到来しているときは、その弁済を受けるまでは、商人のために当該代理商が占有する物又は有価証券を留置することができる。ただし、当事者が別段の意思表示をしたときは、この限りでない。

☞　他の留置権（商521条、民295条）との違い

(ア) 被担保債権が留置権の目的物に関して生じたものであること（**牽連**（けんれん）**関係**）を**要しない**点で、**民法295条**の留置権**より**適用範囲が**広く**、また、

(イ) 本人との間の商行為によって生じたものではなく、代理商が商人のために適法に占有する物または有価証券であればよい点で、**商法521条**の商事留置権**よりも範囲が広い**と言えます。

＊　**商事留置権**については、「第14章 商行為の通則（2）」で学びます。

2. 仲立営業

次の**商法543条以下**は、2019年施行の改正商法において、次の通り「**口語化**」されました。

> ─ **商法 第543条** ─────────
> この章において「仲立人」とは、他人間の商行為の媒介をすることを業とする者をいう。

仲立とは、「法律行為の成立に尽力する事実行為」をいいます。仲立人とは、他人間の商行為の媒介を行うことを業とする者です。（例）旅行代理店　→　少なくとも一方が商人です。

〔仲立人の特徴〕 **①** **不特定**の**公衆**から随時委託を受けます。

② **商人**です（商502条11号・商4条1項）。

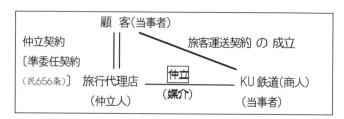

(1) 仲立人の義務

①　見本保管義務(商545条)：媒介行為**完了まで**、委託者・相手方から預かった見本を保管する義務を負います。

②　結約書(契約書)交付義務(商546条1項2項)
当事者間の商行為（媒介）が成立したときは、遅滞なく各当事者の<u>氏名又は名称</u>、<u>行為の年月日</u>、及びその<u>要領</u>を記載した結約書を作成・署名して、各当事者に交付する義務を負います。

③　帳簿(仲立人日記帳)作成及び**謄本交付義務**(商547条1項2項)：後日の証拠のため**帳簿**（仲立人日記帳）を作成し、当事者の請求に応じて帳簿の謄本を交付する義務を負います。

④　氏名黙秘義務(商548条)：当事者から指示を受けたときは当事者の氏名を結約書・謄本に記載しない義務。

⑤　介入義務(商549条)：仲立人が当事者の一方の氏名又は商号を相手方当事者に示さなかったときは、**仲立人自らが履行**する責任（**介入義務**）を負います。

(2) 仲立人の権利

①　報酬(仲立料)請求権：結約書交付手続終了後でなけれ

ば行えない「**成功報酬**」(商550条1項)であり、**当事者双方**に対して**平等**に請求できます(**商550条2項**)。但し、**一方的仲立**(当事者一方のみの仲立)の場合は一方の当事者のみにしか請求できません。

(例) 2000万円のマンションの売買

国土交通省告示(不動産取引による仲介料)：3%

売主 3% ← 仲立人 → 買主 3%

② **給付受領代理権**(商544条)：媒介で成立した行為について、当事者のために支払その他の給付を受けることができません。

③ **費用の前払請求権・償還請求権**(民649・650条)：無し。特約がない限り仲立料に含まれます。

◇**Question2.** **民事仲立人とは**どのような者ですか？ **民事仲立人**は**商人**となり得ますか？

3. 問屋営業

問屋(といや)とは、物品の販売又は買入れの「**取次**」を為すことを業とする者です。

「取次」は、営業的商行為の一種(商502条11号)であり、いわゆる 問屋(トンヤ) ＝ 卸売業者 とは異なります。

— **商法 第551条** —

この章において「問屋」とは、自己の名をもって他人のために物品の販売又は買入れをすることを業とする者をいう。

「問屋」とは、次の ① ～ ④ を行う者です。

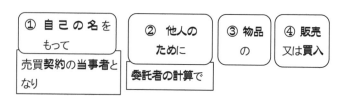

① 自己の名を もって
売買契約の当事者と なり

② 他人の ために
委託者の計算で

③ 物品 の

④ 販売 又は買入

問屋の典型例として、次の通り「証券会社」が挙げられます。

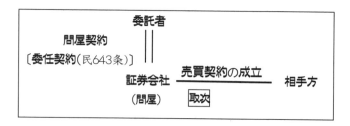

委託者
‖
問屋契約
〔委任契約（民643条）〕
証券会社 ──── 売買契約の成立 ──── 相手方
（問屋）　　　取次

* 例えば、証券会社が委託者（顧客）の依頼に基づいて株を 購入する場合、**委託者が証券会社に対して購入する株の代金 を支払い**、**証券会社が相手方との間の売買契約の当事者**とな って株を購入します。

(1) 問屋の義務（その1）～ 受任者として

問屋には、次の通り、**委任・代理**に関する規定が**準用**されま す（商552条第2項）。

① **善管注意義務**（民644条）、② **通知義務**（商557条・27 条）

(2) 問屋の義務(その2)〜　問屋として

① **履行担保義務**(商553条)：委託者のためにした販売又は買入につき相手方が債務を履行しないときに問屋**自らが履行する**責任を負います。

② **指値遵守義務**(商554条)：委託者の言い値を守る義務です。

顧客
(委託者)
小田急電鉄株を1株 600 円で 1000 株買って下さい。

はい。1株 630 円で 1000 株買えました。

K証券
(問屋)

◇Question3.　上記のような**客の指値を上回る値段**での**買付け**は**有効**ですか**?**

(参考)**計 ら い**　→　顧客「600 円から 630 円の間で買って下さい。」
　　　　成り行き　→　顧客「いくらでもいいから買って下さい。」

(3)　問屋の権利

① **報酬請求権**(商512条)、**費用前払・費用償還請求権**等(民649条・650条、商513条2項)

② **介入権**(商555条)：「取引所の相場」という客観的な指標がある場合にのみ認められています。

③ **供託・競売権**(商556条・524条)

④ **留置権**(商557条・31条)

◇Question4.　**準問屋**とは**?**

（4）金融商品取引法との関係

　2007年9月の金融証品取引法改正で、証券取引法が金融商品取引法に包摂されました。「金融商品取引業者」ではない銀行などの金融機関が有価証券関連業を行えないため、株の売買を希望する人は、取引資格のある証券会社等に対して売買の取次を委託しなければなりません（金商2条8項、28条、29条、33条等）。

　　＊　「**適合性の原則**」とは？（金商40条）

　　　証券会社の従業員は、金融商品を勧める際、委託者の財産状態、投資経験等に照らして、委託者に適合する商品となるよう配慮する義務を負います（金商40条）。

　　→　遵守しないと不法行為（民709条）に基づく損害賠償責任を負います（最判平成17年7月14日民集59巻6号1323頁）。

金融商品取引法　第40条（適合性の原則等）

　金融商品取引業者等は、業務の運営の状況が次の各号のいずれかに該当することのないように、その業務を行わなければならない。

　一　金融商品取引行為について、顧客の知識、経験、財産の状況及び金融商品取引契約を締結する目的に照らして不適当と認められる勧誘を行つて投資者の保護に欠けることとなつており、又は欠けることとなるおそれがあること。

　二　前号に掲げるもののほか、業務に関して取得した顧客に関する情報の適正な取扱いを確保するための措置を講じていないと認められる状況、その他業務の運営の状況が公益に反し、又は投資者の保護に支障を生ずるおそれがあるものとして内閣府令で定める状況にあること。

4. Let's try !

問1　Aの販売する商品をBが買い付けるに当たりCが関与する法的形態についての次のアからオまでの各記述のうち，正しいものを組み合わせたものは，後記1から5までのうちどれか。

ア. CがAから販売委託を受けた問屋である場合には，売買契約はA・B間に成立する。

イ. CがAから委託を受けた仲立人である場合には，売買契約はC・B間に成立する。

ウ. 判例によれば，Bにとって買付けが商行為である場合には，CがBから商品買付けの契約締結代理権を付与されていたが，CがAに対してBを代理して契約を締結する旨を表示しなかったときであっても，売買契約はA・B間に成立し，A・C間に契約が成立することはない。

エ. CがAから委託を受けた媒介代理商である場合には，売買契約はA・B間に成立する。

オ. CがAから委託を受けた締約代理商であり，その旨をBに明示して契約する場合には，売買契約はA・B間に成立する。

1. ア　イ　2. ア　オ　3. イ　ウ　4. ウ　エ　5. エ　オ

問2　仲立営業に関する次の1から5までの各記述のうち，正しいものはどれか。

1. 商行為以外の行為の媒介をすることを業とする民事仲立人

は，当事者間で行為が成立したときは，当事者の氏名又は商号，行為の年月日及びその要領を記載した書面を各当事者に交付しなければならない。

2. 仲立人の報酬は，最初に行為の媒介を依頼した者が負担する。

3. 仲立人は，別段の意思表示や慣習がない限り，その媒介している行為について当事者のために支払を受けることができない。

4. 仲立人は，その媒介する行為に関して見本を受け取った場合でも，それを保管する義務を負わない。

5. 仲立人は，その媒介する行為が当事者間に成立する前に，報酬を請求することができる。

問3 仲介業者についての次の記述のうち，正しいものはどれか。

1. 商人ではない一般人を相手にホテル等を周旋し宿泊契約の締結を媒介する業者は，民事仲立人であって，商法上の仲立人ではない。

2. 顧客の依頼に基づき自己の名で旅客運送契約を締結する業者は，運送取扱人に当たる。

3. 複数の損害保険会社と委託契約を締結している，いわゆる乗り合い代理店は，商法上の代理商には当たらない。

4. 手数料を取って結婚相手の紹介を業とする行為は，営業的商行為の一つである仲立に当たる。

5. メーカーから買い上げた商品を自己の名をもって小売店に

販売する業者は、商法上の問屋に当たる。

第11章の復習問題

1　特定の商人と平常取引を行う企業外補助商のうち、損害保険代理店のように法律行為を行う者を（　**①**　）代理商と呼ぶ一方、法律行為ではなく事実行為を行う者を（　**②**　）代理商と呼んでいます。これら代理商は、企業外の補助商であることから、企業内の（　**③**　）と異なり報酬は（　**④**　）報酬です。

2　甲代理商が関東生命保険会社のために平常、営業の部類に属する取引の代理を行う契約を締結しました。この場合、甲代理商は、何と呼ばれますか。

3　代理と媒介の違いは何ですか。

4　仲立営業と媒介代理商の違いは何ですか。

〜 ◇Questionの ヒント 又は 答え 〜

◇Question1. 消滅しません（商506条）⇔（民653条1号）。ただし、本人の営業の終了によって消滅します。**2.**「商行為でない法律行為の媒介を行うことを営業とする者」。例えば、商人でない者同士の間での非投機的な不動産売買契約締結に尽力する「宅地建物取引士」、婚姻契約を成立させるよう尽力する「結婚仲介業者」等。民事仲立人も「商人」となり得ます（商502条11号・4条1項）。**3.** 証券会社（問屋）が差額分（630円−600円）×1000株＝3万円を負担すれば有効に成立します（商554条）。負担しなければ無効です。**4.**「自己の名をもって他人のために販売又は買入れ以外の行為〔主としてサービス（役務）の取次〕をすることを業とする者」（商558条）。例えば、JTBで青森行きの切符を注文する場合（旅行業者の

業務の一部）、客の計算で（客が支払いをして）JTBの名前でJRに注文を出します。

Let's try! の解答

問1 正解5 （2007年度 新司法試験 択一式試験問題集〔民事系科目〕〔第51問〕）

問2 正解3 （2010年度 新司法試験 択一式試験問題集〔民事系科目〕〔第52問〕）

問3 正解4 （新司法試験プレテスト短答式試験問題集〔民事系科目〕〔第39問〕）

第11章の復習問題の解答

1.①締約（商27条カッコ書）、②媒介（商27条カッコ書）、③商業使用人、④手数料、**2.**締約代理商、**3.**代理は、法律行為の委託をする委任契約（民643）であるのに対して、媒介は、事実行為の委託である準委任契約（民656）です。**4.**事実行為を行う準委任契約が締結される点ではほとんど違いがありませんが、仲立営業が不特定多数の顧客に対するのに対して、媒介代理商が特定の商人との間で契約を締結する点が異なります。

★☆★ 第11章の主要参考文献 ★☆★ （著者 アイウエオ順）

上柳克郎=北沢正啓=鴻常夫編『商法総則・商行為法』（有斐閣双書,新版1998年）111頁-118頁,205頁-226頁、江頭憲治郎=山下友信編『別冊ジュリスト 商法（総則・商行為）判例百選』（有斐閣,第5版,2008年）180頁-181頁,89事件、落合誠一=大塚龍児=山下友信著『商法Ⅰ総則商行為』（有斐閣,第6版,2019年）160頁-167頁、同『商法Ⅰ総則商行為』（有斐閣,第4版,2009年）154頁-160頁、鴻常夫著『商法総則』（弘文堂,新訂第5版,1999年）181頁-193頁、岸田雅雄著『ゼミナール商法総則・商行為法入門』（日本経

済新聞社,2003年)227頁-255頁、近藤光男著『商法総則・商行為法』(有斐閣,第8版,版2019年)98頁-105頁、商事法務編『タクティクスアドバンス2011商法』(商事法務,2011年)64頁-65頁、拙著『はじめての商法(総則・商行為)講義ノート』(関東学院大学出版会,2012年)62頁-68頁、法学セミナー編集部代表編『新司法試験の問題と解説』(日本評論社,2007年)174頁,219頁、同(2010年)177頁, 224頁、法務省ホームページ平成19年新司法試験問題短答式試験問題集〔民事系科目〕http://www. moj. go. jp/content/000006372.pdf、正解及び配点.http://www. moj. go. jp/content/000006393. pdf、平成22年短答式試験問題〔民事系科目〕http://www.moj.go.jp/content/000046902.pdf、正解及び配点.http://www. moj. go. jp/content/000048299.pdf、新司法試験プレテスト短答式試験問題〔民事系科目〕http://www. moj.go.jp/content/000006601.pdf、正解及び配点. http://www. moj. go.jp/content/000006613.pdf、弥永真生著『リーガルマインド商法総則・商行為法』(有斐閣,第2版補訂版,2007年)81頁-84頁,119頁-128頁。

第12章 前半 期末テスト　　　（60分）持込不可　　　/100点

（設問1）次の（**1**）（**2**）に答えて下さい。

（**1**）神奈川県横浜市で菓子製造販売店を営むA株式会社の代表取締役Bは、京都市にA株式会社の京都支店を置くこととし、Cを京都支店の支店長に選任した。支店長Cは、家具製造販売業を営むDから、来客用の応接室調度品一式を3000万円で購入した。代表取締役BはCに対して金額1000万円以内の取引をする権限しか与えていなかった。それゆえ、株式会社Aに調度品代金3000万円の支払いを求めて来たDに対して、Aは、Cが勝手な取引をしたと言って支払いを拒んだ。この事実を受けて、代表取締役Bは、即刻Cを解任し、解任登記を済ませた。ところが、それから1週間後、Cは、京都支店の残務整理をする中で、塗装業を営む塗装店Eに京都支店の壁を塗り替えさせたため、EはAに対して、塗装代金100万円の支払いを請求してきた。Eの営業主Fは、老齢のため遠出ができず、登記所において登記簿を閲覧することができなかった。

　この場合、上記支払を求めてDとFが提訴したとき、それぞれの請求について、裁判所はどのように判断すると考えられますか。各請求につき**＜根拠条文＞**空欄**①**～**⑥**に該当する値を示し、**＜理由＞**を述べて下さい。

・Dの請求
＜根拠条文＞　商法（**①**＿＿）条（**②**＿＿）項（**③**＿＿）号
＜理　由＞＿＿＿＿＿＿＿＿＿＿＿＿＿＿＿＿＿＿＿＿＿＿＿

＿＿＿＿＿＿＿＿＿＿＿＿＿＿＿＿＿＿＿＿＿＿＿＿＿＿＿＿＿

・Fの請求
＜根拠条文＞　商法（**④**＿＿）条（**⑤**＿＿）項（**⑥**＿＿）号
＜理　由＞＿＿＿＿＿＿＿＿＿＿＿＿＿＿＿＿＿＿＿＿＿＿＿

(2) 横浜市で理髪店を営む個人事業主Aは、Yが東京をはじめ北海道から九州に至る全国規模で営んでいる理髪店「スタイルカット101」が盛況であることから、Yの商号である「スタイルカット101」の使用許可を願い出たところ認められた。Aが自己の商号を「スタイルカット101」に変更してから1年経過した頃、Aの店でパーマをかけた客Xの髪の毛がチリチリに縮れて頭にいがぐりつき頭皮もただれてしまったため、Xは、Yに対して民法415条に基づく300万円の損害賠償請求を行った。Xは、「スタイルカット101」を経営しているのはいずれの店についても同じ人だと信じていた（過失はない）。この場合、XのYに対する損害賠償請求は認められますか。下記のカッコ（**⑦**　　）～（**⑩**　　）内に適切な語句または条文数を記載し、理由を述べてください（条文数は、必要な箇所のみ記入し、設問中に記載した条文以外の根拠条文を挙げて下さい）。

<**結　　論**>　XのYに対する損害賠償請求は認められ（**⑦**　　　）。
<**根拠条文**>　商法（**⑧**　　　）条（**⑨**　　　）項（**⑩**　　　）号
<**理　　由**>　＿＿＿＿＿＿＿＿＿＿＿＿＿＿＿＿＿＿＿＿＿＿＿
＿＿＿＿＿＿＿＿＿＿＿＿＿＿＿＿＿＿＿＿＿＿＿＿＿＿＿＿＿＿
＿＿＿＿＿＿＿＿＿＿＿＿＿＿＿＿＿＿＿＿＿＿＿＿＿＿＿＿＿＿

〔設問2〕次の**(1)(2)**のいずれか一方を選択し、論述して下さい。

(1)　支配人制度について、他の商業使用人（または問屋や仲立）との違いを明確にしながら論じて下さい。
(2)　絶対的商行為と営業的商行為の違いについて論じて下さい。

144

【設問1】（**1**）Dの請求＜**根拠条文**＞商法（**①** 24）条（**②** 一）項（**③** 一）号＜**理由**＞表見支配人Cの3000万円の支払責任をA株式会社（B代表取締役）が負う。Fの請求＜**根拠条文**＞商法（**④** 21）条（**⑤** 3）項（**⑥** 一）号＜**理由**＞支配人Cに加えられた代理権の制限（1000万円以内の取引権限）を、善意・無重過失の第三者Dに対して、A株式会社は、対抗することができない。（**2**）＜**結論**＞（**⑦** 負え）る）、＜**根拠条文**＞商法（**⑧** 14）条（**⑨** 一）項（**⑩** 一）号、＜**理由**＞Yは、商号「スタイルカット101」の使用をAに許諾した名板貸人として、善意・無重過失のXに対して、AのXに対する債務不履行に基づく損害賠償責任（民415条）を名板借人Aと連帯して負う。

【設問2】（**1**）テキスト第10章・第11章を参照してください。参照条文は、商法第1編第6章（第20条〜第26条）、第2編第5章（第543条以下）、同第6章（第551条以下）。（**2**）テキスト第3章を参照してください。参照条文は、商法501条、502条。

第13章 商行為の通則(1) ～ 商行為一般に関する特則 ～

　商行為は、法律行為であるため、本来なら法律行為に関する民法の一般原則が適用されるはずですが、営利性・安全性・簡易迅速性などの要求から民法の一般原則に対する例外としての特則が定められています。本章では、商行為の通則の中で、商行為一般に関する特則について学びます。

目　次

1. 契約自由の原則とその制限

　近代資本主義社会において「所有権絶対の原則」と並ぶ大原則の「**契約自由の原則**」は、平成 29 年 (2017 年) 改正・2020 年 4 月 1 日施行された**民法**で次の通り**明文化**されました。

民法521条(契約の締結及び内容の自由)＜新設＞

1　何人も、法令に特別の定めがある場合を除き、**契約をするかどうか**を**自由**に決定することができる。

2　契約の当事者は、**法令の制限内**において、**契約の内容**を**自由**に決定することができる。（下線は著者加筆）（以下、同じ）

「契約自由の原則」は、次の４つに分けられます。

(1)契約締結の自由(民521条1項)、**(2)相手方選択の自由**、
(3)内容の自由(民521条2項)、**(4)方式の自由**。

しかしすべての人に平等に健康で文化的な最低限度の生活を
保障する観点(憲25条2項)から、例外として次の通り、様々な**制限**
規定が置かれています。

(1) 契約締結の自由の制限：公序良俗(民90条)、公共の福祉、
信義則、権利濫用(民1条、1項・2
項・3項)

(例)「申込み」禁止：銀行法２条１項 (免許)
宅地建物取引業法３条 (免許)

「承諾」強制　：電気の供給義務(電気事業法17条)
ガスの供給義務(ガス事業法13条)

(2) 相手方選択の自由の制限：労働組合員の解雇・不当な取扱
い等の禁止(労働組合法7条)

(3) 内容(目的物の種類・価格等)の自由の制限：経済的弱者の
保護

(例) 借家法６条、借地法11条、利息制限法、労働基準法

(4) 方式の自由の制限：大量の取引を定型化するため

(例) 手形法１条、２条、75条、76条、小切手法１条、２条

2. 契約の成立

◇**Question1. 契約**は、**何によって成立**しますか**?**

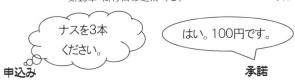

申込み　　　　　　　　　　　　　　　　承諾

　2017年改正2020年4月1日施行民法は、従来、解釈によって
いた「契約の成立要件・方式」を次の通り**明文化**し、**原則「諾成」**
（民522条1項）「**不要式**」（民522条2項）を明示しました。

─── 民法522条（契約の成立と方式）＜新設＞ ───
1 　契約は、契約の内容を示してその締結を申し入れる意思表示（以下
　「申込み」という。）に対して相手方が承諾をしたときに成立する。
2 　契約の成立には、法令に特別の定めがある場合を除き、書面の作
　成その他の方式を具備することを要しない。　（下線は筆者加筆）

（1）対話者間における**契約の申込み**（商507条＜削除＞→民525条3
　　　　　　　　　　　　　　　　　　　項＜新設＞）

◇**Question2.** 　次の場合、申込みの効力はどのようになりますか？

A眼鏡店　　　　　　　　　　　　　　　　B商店

◇**Question3.** 　**後日**、B商店がA眼鏡店に対して「**やはり買います**」
　　　　　　　と告げた場合は？
◇**Question4.** 　A眼鏡店が「**今晩7時まで承ります**」と言った場合
　　　　　　　は？

「対話者間」と「隔地者間」の区別は、意思表示が到達するまでにかかる**時間**によります。例えば**電話**の場合は、距離が離れていても時間で判断するため「**対話者間**」です。

2020年4月1日施行の改正**民法525条3項新設**に伴う**商法507条削除**は、**民法の商化**と呼ばれ、改正前商法の規定**507条**が民法の一般原則(**民525条3項**)に変容した例です。新設された民法525条3項は、次の通り、対話者関係終了で申込みの効力が失われると規定しています。

商法第507条(対話者間における契約の申込み)＜2017年改正で削除＞
~~商人である対話者の間において契約の申し込みを受けた者が直ちに承諾をしなかったときは、その申込みは、効力を失う。~~

民法 第525条第3項(対話者間における契約の申込み)＜新設＞
対話者に対してした第1項の申込みに対して対話が継続している間に申込者が承諾の通知を受けなかったときは、その申込みは、その効力を失う。ただし、申込者が対話の終了後もその申込みが効力を失わない旨を表示したときは、この限りでない。　　　(下線は筆者加筆)

民法 第523条(承諾の期間の定めのある申込み)〔＝改正前民521条〕
1　承諾の期間を定めてした契約の申込みは、撤回することができない。ただし、申込者が撤回をする権利を留保したときは、この限りでない。〔平成29年民法改正で追加〕〔〕内・下線は筆者加筆)
2　申込者が前項の申込みに対して同項の期間内に承諾の通知を受けなかったときは、その申込みは、その効力を失う。

民法 第524条(遅延した承諾の効力)〔＝改正前民523条〕
申込者は、遅延した承諾を新たな申込みとみなすことができる。

(2) 隔地者間における契約の申込み（商508条1項）

◇**Question 5.** 静岡県浜松市で**家具製造販売業**を営む**C**が横浜市の**百貨店D**に対して、「**家具を購入する気はありませんか**」と**手紙**で**尋ねた場合**において、

(ア)申込みは**いつなされた**ことになりますか**?**

(イ)契約は**いつ成立**しますか**?**

(ウ)Dが**C**に対して**何の返事もしなかった場合**にはどのようになりますか**?**

(エ)Dが**6か月経過後C**に対して「**やはり買います**」と**通知**した場合はどのようになりますか**?**

(オ)Dが**C**に対して、**桐**の**和ダンスのみを購入する**と**伝えてきた**場合はどのようになりますか**?**

2020 年 4 月 1 日施行改正**民法**は、「**申込**」のみならず「**承諾**」にも 「**到達主義**」（民97条）を**適用**することとしました。改正民法は、申込者が知らない契約成立による不測の損害の危険、メールの発達等に鑑み、「**発信主義**」（改正前民526条）を**やめた**のです。

> ── 民法 第97条（意思表示の効力発生時期）第1項 ──────
> 　隔地者に対する意思表示は、その通知が相手方に**到達**した時からその**効力を生ずる**。（2017年改正削除部分（傍線）は著者加筆）

> ── 民法 第526条（隔地者間の契約の成立時期）第1項 ＜2017年削除＞ ──
> 　隔地者間の契約は、承諾の通知を発した時に成立する。

しかし**ビジネス**（商取引）の世界では、**従来どおり**隔地者間取引の「**承諾**」は、「**発信主義**」に拠ります（**商508条**）。白山羊さんから黒山羊さんにお手紙が着いたときに「申込み」が、黒山羊さんが無事に手紙を読んで返事を郵便ポストに投函した時に「承諾」がそれぞれ成立します（もちろん、黒山羊さんは手紙を食べてしまいましたが…）。

商法 第508条（隔者間における契約の申込み）

1 商人である隔地者の間において承諾の期間を定めないで契約の申込みを受けた者が相当の期間内に承諾の通知を発しなかったときは、その申込みは、その効力を失う。

2 民法524条〔遅延した承諾の効力〕の規定は、前項の場合について準用する。

民法 第525条１項（承諾期間の定めのない申込み）〔=改正前民524条〕

承諾の期間を定めないで隔地者に対してした申込みは、申込者が承諾の通知を受けるのに相当な期間を経過するまでは、撤回することができない。…

民法 第524条（遅延した承諾の効力）〔=改正前民523条〕

申込者は、遅延した承諾を新たな申込みとみなすことができる。

---

3. 商行為の代理の方式 ～ 非顕名主義（商504条）

次に、代理の規定である商法（**商504条**）と民法（**民99条**）の代理の規定を比較してみましょう。

┌─ **商法 第504条**（商行為の代理）───────────
│　　商行為の代理人が本人のためにすることを示さないでこれをした場
│　合であっても、その行為は、本人に対してその効力を生ずる。ただし、相
│　手方が、代理人が本人のためにすることを知らなかったときは、代理人
│　に対して履行の請求をすることを妨げない。
└──────────────────────────

┌─ **民法 第99条**（代理行為の要件及び効果）**第1項**───
│　　代理人がその権限内において本人のためにすることを示してした意思
│　表示は、本人に対して直接にその効力を生ずる。
└──────────────────────────

　これらの条文の関係を図示すると次のようになります。

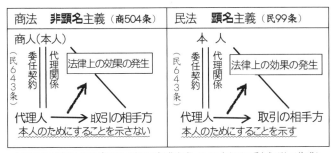

（近江幸司著『民法講義1〔民法総則〕』（成文堂、1991年）191頁を参照して作成）

　商業使用人（代理人）は、取引の相手方に対して営業主（本人）
のためにすることを毎回示さなくても、契約は、営業主と取引の
相手方との間で成立します。ほとんどの場合、取引の相手方は、
商業使用人が営業主のために取引すると知っているからです。

次の判例で立法趣旨を確認しましょう。

（参考）最高裁昭和43年4月24日大法廷判決民集22巻4号1043頁
＜百選30事件＞

　A会社がX会社を代理してY会社に対し、物品の販売・引渡しをした際、X会社の代理であることを告げず（Y会社もこのことを知らず）、Y会社からX会社に代金が支払われなかったため、X会社がY会社に対して代金支払請求訴訟を提起した事案。

（判旨）上告棄却。

「民法は、法律行為の代理について、代理人が本人のためにすることを示して意思表示をしなければ、本人に対しその効力を生じないものとして、いわゆる顕名主義を採用している（同法九九条一項）が、商法は、本人のための商行為の代理については、代理人が本人のためにすることを示さなくても、その行為は本人に対して効力を生ずるものとして、顕名主義に対する例外を認めている（同法五〇四条本文）のである。これは、営業主が商業使用人を使用して大量的、継続的取引をするのを通常とする商取引において、いちいち、本人の名を示すことは煩雑であり、取引の敏活を害する虞れがある一方、相手方においても、その取引が営業主のためされたものであることを知っている場合が多い等の事由により、簡易、迅速を期する便宜のために、とくに商行為の代理について認められた例外であると解される。」

◇Question6. **代理人**に**代理権**が無い場合、**または**代理人が**代理権の範囲を超えて**行為した場合は**？**

◇Question7. **取引の相手方**が**代理人**が**本人のためにする**ことを**知らなかった**場合の**法律上の効果**は、**本人と代理人**

のどちらに対して生じますか？

＊　顕名主義の例外（商504条但書）

（参考）最高裁昭和43年4月24日大法廷判決民集22項4号1043頁
　　＜百選30事件＞

（判旨）「…本人と相手方との間には、すでに同条本文の規定によつて、代理に基づく法律関係が生じているのであるが、相手方において、代理人が本人のためにすることを知らなかつたとき（過失により知らなかつたときを除く）は、相手方保護のため、相手方と代理人との間にも右と同一の法律関係が生ずるものとし、相手方は、その選択に従い、本人との法律関係を否定し、代理人との法律関係を主張することを許容したものと解するのが相当であり、相手方が代理人との法律関係を主張したときは、本人は、もはや相手方に対し、右本人相手方間の法律関係の存在を主張することはできないものと解すべきである。」

4.　商事法定利率

　2020年4月施行の「民法の一部を改正する法律」が第1章で述べた通り**改正前商法514条**（商事法定利率 6％／年）の規定を**削除**しました。

　2020年4月施行改正民法は、**法定利率を年3％**（民404条2項）に引き下げ、法定利率を**3年毎**に市中金利に合わせて見直す「**変動制**」が導入されています（民404条3項・4項）。2020年4月1日以降、このように**ビジネス**への**民法適用場面**が**多く**なります。今回の法定利率の引き下げは、市中金利が（0.001％等の）超低金利が長期間継続している現状に合わせた法改正です。

―― 民法404条（法定利率）＜2017年改正＞ ――――――――――
　利息を生ずべき債権について別段の意思表示がないときは、その
利率は、その利息が生じた最初の次点における法定利率による。
2　法定利率は、年三パーセントとする。
3　前項の規定にかかわらず、法定利率は、法務省令で定めるところ
により、三年を一期とし、一期ごとに、次項の規定により変動するもの
とする。

一方、改正前商法は、以下の通り定めていました。

―― 改正前商法　第514条（商事法定利率）＜2017年改正で削除＞ ――
　商行為によって生じた債務に関しては、法定利率は、年六分とする。

◇**Question8.** **商法514条の「商行為によって生じた債務」は「債務**
者にとって商行為でない取引」を含みますか？

（参考）最高裁昭和30年9月8日第一小法廷判決民集9巻10号1222
　　　頁、判夕52号42頁＜百選〔5版〕42事件＞

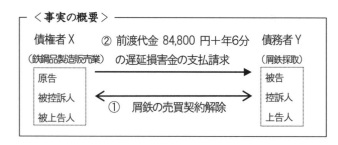

(判旨) 上告棄却。

「商法五一四条にいわゆる『商行為ニ因リテ生シタル債務』とは、単に債務者にとり商行為たる行為によって生じた債務に限らず、債権者にとり商行為たる行為によって生じた債権をも含むものと解するを相当とする。」

5. 商事消滅時効
　　（2020年4月施行前と**実質**的に同じ）

　「消滅時効」は、**債権者**（= 例えば、お金を貸した人）が一定期間、**債権**（= お金を返してくれと言える権利）を行使しないことによって債権者がお金を返して貰う権利（= 債権）が**消滅**する制度です。

　2020年4月施行の「**民法の一部を改正する法律**」は、改正**前商法522条**（商事消滅時効期間5年）の規定を**削除**しました。しかし**ビジネス**（= 商取引）の世界では、消滅時効期間5年（新・民166条1項1号）について**民法改正**による**実質**的な**変更はありません**。その理由は、ビジネスでは債権者が権利行使時期に気づかないことがほぼ無いと考えられ、「**主観的起算点**」が優先されるからです。

　2020年4月施行改正民法は、消滅時効の「**主観的起算点**」を**新設**し、債権は、**原則**として「**主観的起算点**」（債権者が**権利**を行使することができることを「**知った時**」）から5年（民166条1項1号）で**時効消滅**し、例外的に「**客観的起算点**」（「**権利を行使することができる時**」）から10年（民166条1項2号）で**時効消滅**するとしました。

　民法 第166条（債権等の消滅時効）**＜変更あり＞**
　　債権は、次に掲げる場合には、時効によって消滅する。
　　一　債権者が権利を行使することができることを知った時から五年間行使しないとき。
　　二　権利を行使することができる時から十年間行使しないとき。

6. 商行為一般に関する特則：民法と商法の比較

	項 目	新旧	商 法	民 法
①	代理の方式		非顕名主義（商504条）	顕名主義（民99条）
②	委任		委任の本旨（商505条）＝善管注意義務（民644条）	
③	対話者間における契約の申込み		対話継続中に承諾の意思表示をしないと申込は失効 ~~（商507条直ちに）~~	＝ 対話継続中に承諾しないと申込失効（（新設）民525条3項）
④	隔地者間における契約の申込み		相当の期間内に承諾しない → 効力を失う（商508条）	撤回してはじめて効力を失う（民525条1項）〔＝改正前民524条〕
⑤	多数債務者の連帯		各自連帯債務（商511条1項）	各債務者平等割合（民427条）
⑥	保証人の連帯		連帯保証（商511条2項）	（原則）催告・検索・分別の抗弁権（民452・453・456条）（例外）連帯保証（民454条）→（民452・453無し）
⑦	法定利率	旧	~~年6分（商514条）~~ ＜削除＞	~~年5分（改正前民404条）~~＜削除＞
		新	→ 3％／年（新・民404条2項・3項）	
⑧	流質契約		自由（商515条）	禁止（民349条）

⑨	債務の履行の場所	旧	（原則）**持参債務**（商516条1項） ~~（例外）取立債務~~ ~~→ 証券（商516条2項）~~＜削除＞	（原則）**持参**債務 （民484条）
		新	（例外）**取立債務の共通規定新設**（民520条の8〔指図証券の弁済の場所〕、520条の18〔記名式所持人払証券〕、520条の20〔無記名証券〕）	
⑩	債権の消滅時効	旧	**5 年**（~~商522条~~＜削除＞）	~~10年~~（改正前民167条1項）→民166条へ
		新	→ **原則5年**（民166条1項1号）、 **例外10年**（民166条1項2号）＜改正＞	

（上柳克郎＝北沢正啓＝鴻常夫編『商法総則・商行為法』（有斐閣双書、新版、1998年）151頁-158頁の記述をもとに表を作成後、2020年3月31日施行の改正法に合わせて修正。）

☞ 「**持参債務**」と「**取立債務**」

　原則として「**持参債務**」（**商516条1項、民484条**）であるのは、普通は借主が貸主の所に借りた物を返しに行くからです。反対に、手形や小切手などの指図証券が「**取立債務**」（債権者が**債務者の現在の住所に取り立て**に行く（（例）**民520条の8**））であるのは、手形・小切手が**転輾流通**して債権者が**誰かわからない**からです。

☆ 保証（民法との相違）

　「**保証**」とは、債務（借金）を支払わない主債務者の代わりにその履行（債務の支払）をする義務を負うことです（**民446条1項**）。

　商法上、主債務者又は保証人の商行為によって生じた債務は、

158

連帯保証(商511条2項)となるため、民法の下記**❶**〜**❸**の適用がありません。

❶ 催告の抗弁権(民452条)：保証人が債権者に対して、まず債務者本人に催告するよう求める権利。

❷ 検索の抗弁権(民453条)：保証人が債権者に対して、主たる債務者に弁済能力があり執行が容易であることを示して、まず主たる債務者に対して執行するよう求める権利。

❸ 分別の利益(民456·427条)：保証人が数人ある場合、各自が等しい割合で債務を負担すること。

* 民法上も「**連帯保証**」の場合**上記❶❷**がありません(民454条)。

☞ （現代語化された）2004年改正民法が2005年4月1日に施行され、保証契約は「**書面**」で行わなければ無効となりました(民446条2項)。

＜個人保証人の保護の拡充＞

2020年4月施行改正民法は、個人保証人の保護を拡充しました
＜保証人に対する情報提供義務の新設＞

❶「主債務者の保証人に対する情報提供義務」(民465条の10)および**❷**「債権者の保証人に対する情報提供義務」(民458条の2)を**新設**しました。**❶**の情報提供義務**違反**の場合、保証人は保証契約を**取り消す**ことができます(民465条の10第2項)。**❷**は、主債務者依頼の保証人から「履行状況（不履行の有無、残額、弁済期が到来

している残額）」の開示請求があれば、債権者が主債務者の**同意な**く保証人に対して情報提供する義務です。

<　**包括根保証の禁止**　>

2020 年 4 月施行改正民法は、**全**ての個人根保証契約に**極度額**の定めを**義務**付けました（**民465条の2**）。

7. Let's try !

問1　商行為によって生じた債務に関する次のアからオまでの各記述のうち、誤っているものを組み合わせたものは、後記１から５までのうちどれか。

ア. 当該債務を数人の者が負担する場合であっても、その債務が一人のために商行為となる行為によって負担したものであるときは、当該債務は、連帯債務とはならない。

イ. 当該債務が附属的商行為によって生じたものであっても、商法に別段の定めがある場合及び他の法令に５年間より短い時効期間の定めがある場合を除き、原則として債権者が５年間行使しないときは、当該債務に係る債権は、時効によって消滅する。

ウ. 判例によれば、当該債務が商行為によって生じた債務である限り、その債務者又は債権者のいずれのために商行為となるものであるかを問わず、その債務に関する法定利率は、年３分となる。

エ. 当該債務に係る債権が指図債権であっても、取引の性質又は当事者の意思表示によってその履行をすべき場所が定まらない限り、債権者の現在の営業所で履行しなければならない。

オ. 当該債務が商人間における金銭の消費貸借によって生じたものであるときは, 貸主は, 約定をしなくとも, 当該債務につき, 法定利率による利息を請求することができる。

1. ア ウ　2. ア エ　3. イ ウ　4. イ オ　5. エ オ

問2　商人に関する次の1から5までの各記述のうち, 判例の趣旨に照らし誤っているものはどれか。

1. 営業を行っていなかった個人が映画館を買い受けて経営する目的で特にそのことを説明せずに当該目的を知らない信用協同組合からその手付金相当額の金銭を借り受けた場合, その金銭消費貸借契約に基づく返還請求権の消滅時効期間は, 原則として5年である。

2. 宅地建物取引業者は, 買主からの委託によって土地の売買の媒介をした場合であって, 売主からの委託によるものでなく, かつ, 売主のためにする意思をもってしたものでないときでも, 当該売主に対し, 相当な報酬を請求することができる。

3. 商人が使用人を雇用することは, 附属的商行為と推定される。

4. 商行為の代理人が本人のためにすることを示さないでこれを行い, かつ, 相手方が本人のためにすることを過失なく知らなかった場合において, 相手方が代理人との法律関係を主張したときは, 本人は, 相手方に対し, 本人相手方間の法律関係を主張することができない。

5. 個人である質屋営業者の金員貸付行為は, 商行為に当たらない。

第13章の復習問題

問1 次の中から正しいものを1つ選びましょう。

① 商人Aの代理人Bの取引の相手方Cが善意・無過失で代理人Bの行為がAのためになされたものであることを知らなかった場合には、相手方Cは、商人Aに対してのみ売買代金の支払いを請求することができる。

② 商法上の代理の方式として非顕名主義が採用されているため、部長や課長が取引する際には、営業主本人のためにすることを相手方に対して毎回示す必要はない。

③ 商人Aの代理人Bと取引の相手方Cとの間の売買契約締結の法律上の効果は、代理人Bと取引の相手方Cとの間に発生する。

④ 商法上の代理の顕名とは、自己のためにすることを示すことを意味する。

問2 次の中から正しいものを1つ選びましょう。

① 小田原市で洋書輸入販売業を営むA書店が横浜市在住のBに洋書を購入するか否かを尋ねる場合、A書店が書面をポストに投函した時点でA書店の申込みが成立する。

② 横浜市で古書販売業を営むC書店が川崎市で書店を営むDに古書を購入するか否かを書面で尋ねた場合、3箇月たってもDが何も返答をしないときは、C書店の申込みは撤回しなくても効力を失う。

③ 横須賀市で洋書販売業を営むE書店が横須賀市で和書販売業を営むFに洋書を購入するか否かを書面で尋ねた場合、Fの購入意思を示した書面書面がE書店に到達した

162

時点で売買契約が成立する。

～ ◇Question の ヒント 又は 答え ～

◇**Question1.** 申込みと承諾（民法522条1項＜新設＞）。**2.** B商店が「対話が継続している間に承諾しない場合」、A眼鏡店の「申込み」は効力を失います（民525条3項）〔商507条削除〕。**3.** B商店からの返事を「新たな申込み」とみなすことができます（民524条）。**4.** A眼鏡店は、今晩7時まで待たなければなりませんが、期間の終了（今晩7時）とともにA眼鏡店の「申込み」は効力を失います（民523条2項）。**5.** （ア）Dに通知が届いたとき（民97条）、（イ）Dの承諾の通知がCに発信されたとき（商508条1項）、（ウ）CのDに対する申込みは効力を失います（商508条1項）。（エ）Dの通知を新たな申込みとみなすことができます（商508条2項・民524条）。（オ）Dの通知は申込みに変更を加えた承諾となります（民528条）。**6.** 無権代理（民113条1項）：原則として効力を生じません。ただし、追認あり（民113条2項）。**7.** 代理人と相手方との間にも法律上の効果が生じます（商504条但書）。**8.** 債権者にとっての商行為によって生じた債権をも含むと解されます（最判昭和30年9月8日民集9巻10号1222頁）。

＃ Let's try！ の 解答 ＃

問1 正解 2（2008年度新司法試験 短答式試験問題集〔民事系科目〕〔第51問〕）（2017年改正商法・改正民法の2020年4月施行に伴い、イ.の文章に「原則として」を追加して「債権者が5年間行使しないときは、」を「債権者が原則として5年間行使しないときは、」に、ウ.の「年6分である。」を「年3分となる。」に、それぞれ著者が改変。）

問2 正解 2（2009年度新司法試験 短答式試験問題集〔民事系科目〕〔第51問〕）（2017年改正商法・改正民法の2020年4月施行に伴い、1.

の「10年」を「原則として5年」に著者が改変。）

第13章の復習問題の解答

問1　正解 ②　　①相手方Cは、A・Bのいずれか一方を選択できます（商50
4条但書）。②非顕名主義（商504条本文）。③契約の法律上の効果は、本
人Aと取引の相手方Cとの間に発生します。④「本人のためにすることを示して」
の意。

問2　正解 ②　　①隔地者間の申込み：到達主義（民97条1項）。②相当の
期間内に返事が無いため、隔地者間の申込みは撤回しなくても効力を失いま
す（商508条1項）。③承諾の通知を発したとき（商508条1項）に売買契約が
成立します。

＊☆＊ 第13章の主要参考文献 ＊☆＊　　（著者 アイウエオ順）

上柳克郎＝北沢正啓＝鴻常夫編『商法総則・商行為法』（有斐閣双書,新版,1998年）151頁-
159頁,164頁-166頁、江頭憲治郎＝山下友信編『別冊ジュリスト商法(総則・商行為)判例百
選』（有斐閣,第5版,2008年）37事件〔神谷高保〕・42事件〔青竹正一〕,76頁-77頁, 86頁-8
7頁、近江幸司著『民法講義1〔民法総則〕』（成文堂,1991年）191頁、落合誠一＝大塚龍児
＝山下友信著『商法Ⅰ総則商行為』（有斐閣,第6版,2019年）149頁-160頁、同『商法Ⅰ総
則商行為』（有斐閣,第4版,2009年）139頁-153頁、神作裕之＝藤田友敬編『別冊ジュリスト
商法判例百選』（有斐閣,第6版,2019年）30事件〔杉田貴洋〕62頁-63頁、岸田雅雄著『ゼミ
ナール商法総則・商行為法入門』（日本経済新聞社,2003年）172頁-202頁、北居功＝高田
晴仁編著『民法とつながる商法総則・商行為法』（商事法務,第2版,2018年）198頁-218頁
〔加藤雅之〕,237頁-270頁〔隅谷史人〕、近藤光男著『商法総則・商行為法』（有斐閣,第8版,
2019年）125頁-140頁,同『商法総則・商行為法』（有斐閣, 第5版補訂版,2008年）123頁-1
25頁,128頁-130頁,132頁-134頁,137頁-140頁,142頁-143頁、商事法務編『タクティクス

アドバンス2011商法』(商事法務,2011年)8頁-9頁,52頁-53頁、拙著『はじめての商法(総則・商行為)講義ノート』(関東学院大学出版会,2012年)69頁-75頁、中里実=長谷部恭男=佐伯仁志=酒巻匡=大村敦志編『有斐閣判例六法02 Professional令和2年版2020』(有斐閣,2019年)、日本商工会議所=東京商工会議所HP「速報版120年ぶり民法(債権法)改正の主なポイント」(2017年5月)、弁護士法人泉総合法律事務所「2020年の民法改正による消滅時効の変更点とは?」(2020年2月12日)https://izumi-saimu.jp/column/syakkin/jikou-2019、法学セミナー編集部代表編『新司法試験の問題と解説』(日本評論社,2008年)176頁-177頁,221頁,同(2009年)196頁,240頁-241頁、法務省民事局「民法(債権関係)の改正に関する説明資料-主な改正事項-」(2018年5月10日)18頁-26頁,52頁-54頁、法務省民事局参事官室 「民法(債権法)改正」(2019年2月)7頁-8頁: http://www.moj.go.jp/MINJI/minji06_001070000.html、法務省ホームページ平成20年新司法試験問題短答式試験問題集〔民事系科目〕http://www.moj.go.jp/content/000006412.pdf、正解及び配点: http://www.moj.go.jp/content/000006434.pdf、平成21年新司法試験問題短答式試験問題〔民事系科目〕_http://www.moj.go.jp/content/000006452.pdf 、正解及び配点 http://www.moj.go.jp/content/000006476.pdf、細川慈子「時効に関する民法改正のポイント」(2020年1月9日) https://businesslawyers.jp/practices/1185、「民法の一部を改正する法律の施行に伴う関係法律の整備等に関する法律」、弥永真生著『リーガルマインド商法総則・商行為法』(有斐閣,第2版補訂版,2007年)85頁-94頁,103頁。

第14章 商行為の通則（2）～ 当事者の一方が商人である場合
の特則、当事者の双方が商人である場合の特則～

　商行為も法律行為であるので、本来なら法律行為に関する民法の一般原則が適用されるはずですが、営利性・安全性・簡易迅速性などの要求から民法の一般原則に対する例外としての特則が定められています。本章では、前章に引き続き、商行為の通則の中で、取引の当事者の一方が商人である場合および双方が商人である場合の特則について学びます。

目　次
1. 当事者の一方が商人である場合の特則
2. 当事者の双方が商人である場合の特則
3. Let's try !

1. 当事者の一方が商人である場合の特則
（1）代理

　企業の規模が拡大すると、営業主一人ですべてを行うのは不可能です。そこで、営業主に代わって法律行為を行うことを依頼することになります。それが代理権の授与です。

◇**Question 1.　商法上、商人本人の死亡で代理権は消滅しますか?
民法と比較しましょう。**

商法 第506条（商行為の委任による代理権の消滅事由の特例）

商行為の委任による代理権は、本人の死亡によっては、消滅しない。

民法 第111条(代理権の消滅事由)第1項

代理権は、次に掲げる事由によって消滅する。

一　本人の死亡

（2）　契約の申込みに対する諾否の通知

◇**Question2.** パン製造業を営む **A** は、平常、製粉業者 **B** から1週間に **1** 度、小麦 **100 kg**を仕入れていたところ、ちょうど連休であり、**A** は、パン製造を一時休止することになりました。**B** から連休中に小麦を送りますという通知が届いたにもかかわらず、これに **A** が返事をしなかったため、**B**は**A**に対して、通常通り小麦 **100 kg** を送付しました。この場合、**B** の申し込みの効力はどのようになりますか？

商法 第509条（契約の申込みを受けた者の諾否通知義務）

1　商人が平常取引をする者からその営業の部類に属する契約の申込みを受けたときは、遅滞なく、契約の申込みに対する諾否の通知を発しなければならない。

2　商人が前項の通知を発することを怠ったときは、その商人は、同項の契約の申込みを承諾したものとみなす。

＊　商法 509 条は、当事者双方が商人である場合を想定した規定と解されています。

(3) 送付品保管義務

◇**Question3.** 旅館を営む**商人A**が陶芸家の**B氏**から、旅館の**玄関**に備前焼の**花瓶**(10万円相当)を**飾って欲しい**との**申込み**を受け、**B氏**から見本が**送られてきた**場合において**A**が**B氏**の**申込み**を**断った**とき、**A**は、この**花瓶**を**B氏**に対して**送り返す必要**がありますか**？**

― 商法　第510条（契約の申込みを受けた者の物品保管義務）―
　商人がその営業の部類に属する契約の申込みを受けた場合において、その申込みとともに受け取った物品があるときは、その申込みを拒絶したときであっても、申込者の費用をもってその物品を保管しなければならない。ただし、その物品の価額がその費用を償うのに足りないとき、又は商人がその保管によって損害を受けるときは、この限りでない。

(4) 報酬請求権

― 商法　第512条（報酬請求権）―
　商人がその営業の範囲内において他人のために行為をしたときは、相当な報酬を請求することができる

◇**Question4.** 荷物を**ポーターさん**に**運んでもらったら報酬を支払う必要**がありますか**？ 友人に運んでもらった**場合はどうですか**？**

(5) 立替金の利息請求権

― 商法　第513条（利息請求権）第2項 ―
　商人がその営業の範囲内において他人のために金銭の立替えをしたときは、その立替えの日以後の法定利息を請求することができる。

(6) 寄託契約とは？ ～ 他人のために物を保管する契約

寄託者（物を預ける人） と 受寄者（物を保管する人）

民法：（原則）無償(民659条) vs. 商法：（原則）有償(商512条、593条)

商法 第595条(寄託を受けた商人の責任)〔=2017年改正前商法593条〕

　商人がその営業の範囲内において寄託を受けた場合には、報酬を受けないときであっても、善良な管理者の注意をもって、寄託物を保管しなければならない。

＊ 商人の信頼関係の強化、営業の円滑化を図るための規定です。

民法 第659条(無償受寄者の注意義務)＜文言のみ変更有＞

　無報酬の寄託者は、自己の財産に対するのと同一の注意をもって、寄託物を保管する義務を負う。　（下線は著者加筆）

---

2. 当事者の双方が商人である場合の特則
(1) 金銭消費貸借の利息請求権

　キリスト教の国々と異なり、日本には律令時代から利息制度が存在しました。

　　　アリストテレス　　　　　　　　大宝律令（701年）
　「銭は銭を生むことなし」　 vs.　　法定利息制度あり

◇Question5. 不動産仲介業を営むAがクリーニング業を営むBか

ら **10 万円**を**貸してくれ**と頼まれ、**1年後**を**返済期
日**として**Bに貸し付けた**場合、**返済期日**に**AはBに**
対して**いくら返済**するよう**請求**できますか**？**

── 商法　第513条（利息請求権）第1項 ──────────
　商人間において金銭の消費貸借をしたときは、貸主は、法定利息を
請求することができる。

（2）商事留置権

　留置権とは、他人の物の占有者が自己の債権の弁済を受ける
までその物を自分のところに留め置くことができる権利です。
民法上の留置権（**民295条**）、商人間の留置権（**商521条**）、代理商
（**商31条**）、運送取扱人（**商562条**）の有する留置権を比較してみ
ましょう。

（例1） A百貨店の時計売り場は、商人ではないBからBの所有
　　　　する時計の修理の依頼を受け、修理を終えました。しか
　　　　しBは、時計の修理代金を支払おうとしません。

◇**Question6.　この場合、A百貨店は、Bの時計をどのようにするこ
とができますか？**

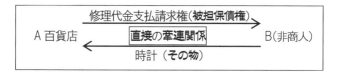

民法 第295条（留置権の内容）第1項

　他人の物の占有者は、その物に関して生じた**債権**を有するときは、その債権の弁済を受けるまで、**その物**を**留置**することができる。ただし、その債権が弁済期にないときは、この限りでない。　（波線は著者加筆）

---

* この場合、A百貨店は商人ですが、Bは商人ではないので、商法521条ではなく、<u>民法 295 条</u>が適用されます。時計の被担保債権（修理代金支払請求権）とその物（時計）との間に<u>直接の牽連関係</u>が必要です。

（例2） コンピュータ製造販売業を営むA電器店は、B理髪店から、店内で使用するデスクトップ型パソコン5台の注文を受け、デスクトップ型パソコン5台をBに納入しました。ところがB店は、期日を過ぎてもこの代金を支払いません。その2週間後、B理髪店は、A電器店に対して、店用のノート型パソコン3台を注文すると同時に、ノート型パソコン3台の代金を支払ってきました。ノート型パソコン3台はまだA電器店にあり、Bは、A電器店に対してノート型パソコンの引渡しを求めています。

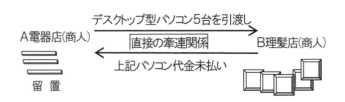

◇**Question7.** この場合、A電器店はBに対して、**当該ノート型パソコンを引き渡す必要**はありますか**?**

◇**Question8.** 仮に**ノート型パソコン3台がCからB理髪店が借りて**いたものでありこれを**A電器店に修理に出していた**ときは、どのようになると考えられますか**?**

┌─ **商法　第521条(商人間の留置権)** ─────────────
　商人間においてその双方のために商行為となる行為によって生じた債権が弁済期にあるときは、債権者は、その債権の弁済を受けるまで、その債務者との間における<u>商行為によって自己の占有に属した債務者の所有</u>する物又は有価証券を留置することができる。ただし、当事者の別段の意思表示があるときは、この限りでない。(波線は著者加筆)
└─────────────────────────────────────

◇**Question9.** 商法**521条と代理商**に関する**留置権**の規定(商31条)の**違い**は何ですか**?**

┌─ **商法　第31条(代理商の留置権)** ─────────────
　代理商は、取引の代理又は媒介をしたことによって生じた債権の弁済期が到来しているときは、その弁済を受けるまでは、商人のために当該代理商が占有する物又は有価証券を留置することができる。ただし、当事者が別段の意思表示をしたときは、この限りでない。
└─────────────────────────────────────

＊ 問屋(商557条)および準問屋(商558条)は、代理商の規定(商31条)を準用しています。

◇**Question10.** **運送取扱人**の有する**留置権**にはどのような**特徴**がありますか**?**

商法 第562条（留置権）

　運送取扱人は、運送品に関して受け取るべき報酬、付随の費用及び運送賃その他の立替金についてのみ、その弁済を受けるまで、その運送品を留置することができる。（波線は著者加筆）

　運送人の留置権（**第574条**）も運送取扱人と同様の規定です。（後掲第18章）。確認してみましょう。

A　当事者の一方が商人である場合の特則

	項　目	商　法	民　法
①	本人の死亡で代理権は？	消滅しない（商506条）	消滅する（民111条1項1号）
②	契約の申込みに対する諾否の通知がない場合	承諾とみなす（商509条）	承諾なし→契約不成立（民527条）〔≒改正前民526条〕
③	送付品保管義務	あり（商510条本文）	なし
④	報酬請求権	あり（商512条）	なし（特約なければ）
⑤	立替金の利息請求権	あり（商513条2項）	なし
⑥	無償寄託の場合の受寄者の注意義務	善管注意義務（商593条）	自己の財産に対するのと同一の注意義務（民659条）

（上柳克郎＝北沢正啓＝鴻常夫編『商法総則・商行為法』（有斐閣双書、新版、1998年）159頁-162頁、弥永真生著『リーガルマインド商法総則・商行為法』（有斐閣、補訂版、2001年）118頁-121頁の記述をもとに作成。）

B 当事者双方が商人である場合の特則

	項　目	商　法	民　法
⑦	金銭消費貸借の利息請求権	法定利息を請求 （商513条1項）	なし（民587条・590条1項）
⑧	留置権	占有物でよい （商521条本文）	個別的牽連関係必要（民295条）

（1.と同じ要領で作成。）

3. Let's try !

問1　商行為に関する次のアからオまでの各記述のうち，正しいものを組み合わせたものは，後記1から5までのうちどれか。

ア.　商人である対話者の間において契約の申込みを受けた者が直ちに承諾をしなかったときは，その申込みは，その効力を失う。

イ.　商行為の代理人が本人のためにすることを示さないでこれをした場合には，相手方が，代理人が本人のためにすることを知らなかったときであっても，代理人に対して履行の請求をすることはできない。

ウ.　匿名組合員は，自己の氏名を営業者の商号中に用いることを許諾した場合には，営業者を代表することができる。

エ.　商人がその営業の部類に属する契約の申込みを受けた場合において，その申込みとともに受け取った物品があるときは，その申込みを拒絶したときであっても，その物品を保管する必要はない。

オ.　商行為によって生じた債権を担保するために設定された質権の質権設定者は，債務の弁済期前の契約において，質権者に弁

済として質物の所有権を取得させることを約することができ
る。

1. アウ　2. アオ　3. イウ　4. イエ　5. エオ

問2　商人及び商行為に関する次の1から5までの各記述のうち、
誤っているものはどれか。

1. 利益を得て譲渡する意思をもって動産を有償取得する行為は、
商人が行う場合に限り、商行為となる。
2. 支配人の代理権は、当該支配人を選任した商人の死亡によっ
ては、消滅しない。
3. 商人が平常取引をする者からその営業の部類に属する契約の
申込みを受けたときは、遅滞なく、契約の申込みに対する諾否
の通知を発しなければならず、これを怠ったときは、その商人
は、当該契約の申込みを承諾したものとみなされる。
4. 委託を受けた商人がその営業の範囲内において委託者のため
に行為をした場合には、委託者との間で報酬についての合意が
ないときであっても、その委託者に対し、相当な報酬を請求す
ることができる。
5. 問屋は、取引所の相場がある物品の販売の委託を受けたとき
は、自ら買主となることができる。

〜 ◇Question の ヒント 又は 答え 〜

◇**Question1.** 消滅しません(商506条)。**2.** 申込みの効力は有効であり、

Aは、Bから小麦を購入しなければなりません(商509条2項)。**3.** Aは、送り返す必要はなく、B氏の費用で手元に保管すれば足ります(商510条)。**4.** ポーターさんなら有料(商512条)。友人なら通常、無料。**5.** AはBに103,000円を支払うよう請求できます。利息の約定が当事者間にある場合は原則としてそれに従いますが、利息の約定がない場合であっても、元本100,000円および利息100,000円×3％/年＝3,000円を請求できます(商513条1項、民404条2項〔→改正前商法上は年6％でした(<削除>商514条)〕)。**6.** A百貨店は、修理代金の支払いを受けるまでBの所有する時計を手元に留置することができます(民295条)。**7.** 引渡す必要はありません。手元に留置することができます(商521条)。**8.** たとえ商人Aが善意であっても、所有権が商人Bにないため、留置することができません(商521条)。**9.** 被担保債権が留置権の目的物に関して生じたものであること(牽連関係)を要しない点(商521条)、代理商が本人である商人のために適法に占有する物・有価証券であればよい点(商31条)で、共通しています。相違点は、①商法521条が留置物を債務者所有の物・有価証券としている点、および②代理商の留置物が債務者本人との間の商行為によって占有することとなったことを要しない点であり、これらの点で代理商の有する留置権(商31条)の方が商法521条の商事留置権よりも範囲が広いと言えます。**10.** 運送品と被担保債権との間に個別的牽連関係が必要です(商562条)。運送人も同様です(商574条)。(後掲第18章で学習します。)

Let's try! の解答

問1　正解　2　(平成28年(2016年)司法試験予備試験 短答式試験問題集〔民法・商法・民事訴訟法〕〔第28問〕)ア民法525条3項〔<削除>改正前商法507条「直ちに」〕、イ 商法504条但書、ウ 商法535条、エ 商法510条本文、オ商法515条。)(2017年改

正商法・改正民法の2020年4月施行に伴い、ア．の「直ちに」
を「対話が継続している間に」に著者が改変。）

問2 正解 1 （平成30年（2018年）司法試験予備試験 短答式試験問題集
〔民法・商法・民事訴訟法〕〔第28問〕）1 商法501条1号、2 商
法506条、3 商法509条、4 商法512条、5 商法551条。

★☆★ 第14章の主要参考文献 ★☆★ （著者 アイウエオ順）

上柳克郎＝北沢正啓＝鴻常夫編『商法総則・商行為法』（有斐閣双書,新版,1998年）159頁-164頁、落合誠一＝大塚龍児＝山下友信著『商法Ⅰ総則商行為』（有斐閣,第6版,2019年）149頁-160頁、岸田雅雄著『ゼミナール商法総則・商行為法入門』（日本経済新聞社,2003年）178頁-180頁,187頁-189頁,195頁-196頁,202頁、近藤光男著『商法総則・商行為法』（有斐閣,第8版,2019年）125頁-140頁、商事法務編『タクティクスアドバンス2011商法』（商事法務,2011年）56頁-57頁、拙著『はじめての商法（総則・商行為）講義ノート』（関東学院大学出版会,2012年）76頁-82頁、法学セミナー編集部代表編『新司法試験の問題と解説』（日本評論社,2006年）172頁-173頁,221頁、法務省・平成28年司法試験 予備試験 短答式試験問題集［民法・商法・民事訴訟法］http://www.moj.go.jp/content/001183390.pdf,民法・商法・民事訴訟法の正解及び配点 http://www.moj.go.jp/content/001185319.pdf、法務省・平成30年司法試験 予備試験 短答式試験問題集［民法・商法・民事訴訟法］http://www.moj.go.jp/content/001258868.pdf,民法・商法・民事訴訟法の正解及び配点 http://www.moj.go.jp/content/001261068.pdf、弥永真生著『リーガルマインド商法総則・商行為法』（有斐閣,第2版補訂版,2007年）89頁-90頁,94頁-104頁。

第15章 商事売買

本章では、商事売買の迅速な確定を図り、主として売主の利益を保護する規定である商事売買に係る5箇条（商524条〜528条）について学びます。実務では特約を普通取引約款で定めることが多い商人同士の売買（商事売買）について、商法は、任意規定を置いています。

目 次
1. 商事売買
2. 売主の供託および競売権
3. 確定期を徒過した売買（確定期売買）
4. 買主の検査・通知義務
5. 買主の保管・供託義務
6. Let's try !

1. 商事売買（商524条〜528条の5箇条） ⇒ 任意規定
　　　→ 特約を「普通取引約款」で定めることが多い。

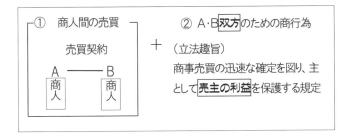

2. 売主の供託および競売権

◇**Question 1.** 売主である**百貨店A**が**遊園地B**から「**鯛**」や大きな「**怪獣**」の**注文**を**受け**てこれらを**届けた**場合において、**買主**である**遊園地B**が**急**に受け取りを**拒絶**したとき、**Aは**、これらの品物を**どのよう**にすることが**できます**か**?**

◇**Question 2.** 商人間の**供託・競売**には、**民法の供託・競売**と**比べ**てどのような**特色**がありますか**?**

商法 第524条（売主による目的物の供託及び競売）第1項

　商人間の売買において、買主がその目的物の受領を拒み、又はこれを受領することができないときは、売主は、その物を供託し、又は相当の期間を定めて催告をした後に競売に付することができる。……

民法 第494条（供託）〔文言のみ変更有り〕

1　弁済者は、次に掲げる場合には、債権者のために弁済の目的物を<u>供託することができる</u>。この場合においては、弁済者が供託をした時に、その<u>債権は、消滅する</u>。

　一　弁済の提供をした場合において、債権者がその受領を拒んだとき。

　二　債権者が弁済を受領することができないとき。

2　弁済者が債権者を確知することができないときも、前項と同様とする。ただし、弁済者に過失があるときは、この限りでない。

　　　（波線・下線・囲みは著者加筆。以下同じ）

民法　第497条（供託に適しない物等）〔文言のみ変更有り〕

1　弁済者は、次に掲げる場合には、裁判所の許可を得て、弁済の目
　的物を競売に付し、その代金を供託することができる。

　一　その物が供託に適しないとき。

　二　その物について滅失、損傷その他の事由による価格の低落の
　　おそれがあるとき。

　三　その物の保存について過分の費用を要するとき。

3.　確定期を徒過した売買（確定期売買）

◇**Question 3.**　**おもちゃ販売業を営むA商店**は、**クリスマス**に**得意
　　　　　　　　　先**に**配ろう**と、**B文具店**に対して**11月上旬までにクリ
　　　　　　　　　スマスカード300枚**を**納品**するよう**注文**をしました。
　　　　　　　　　ところが**11月中旬**になっても**B文具店**からの**納品**が
　　　　　　　　　無いため、**A商店**は、急きょ**他店にクリスマスカード**
　　　　　　　　　を**注文・作成**してもらい、**得意先**に**発送**しました。**12
　　　　　　　　　月20日**になってはじめて、**B文具店がA商店にクリ
　　　　　　　　　スマスカード**を**届け**て来ました。この場合、**A商店**は、
　　　　　　　　　B文具店から送られてきたクリスマスカードを**購入**し
　　　　　　　　　なければなりませんか? （**参照判例**）大判昭和17年
　　　　　　　　　4月4日法学11巻12号1289頁

◇**Question 4.**　**上記◇Question 3.** の**場合**において**A商店**が**11月
　　　　　　　　　中旬**になって**B文具店**に**請求**し、**11月下旬**に**クリス
　　　　　　　　　マスカード**が**A商店**に**納品**されたときはどうですか?

商法 第525条（定期売買の履行遅滞による解除）

　商人間の売買において、売買の性質又は当事者の意思表示により、特定の日時又は一定の期間内に履行をしなければ契約をした目的を達することができない場合において、当事者の一方が履行をしないでその時期を経過したときは、相手方は、<u>直ちにその履行の請求をした場合を除き</u>、契約の解除をしたものとみなす。

＜参照＞

民法 第541条（催告による解除）

　当事者の一方がその債務を履行しない場合において、相手方が<u>相当の期間を定めてその履行の</u>催告<u>をし</u>、その期間内に履行がないときは、相手方は、契約の<u>解除をすることができる</u>。

民法 第542条（催告によらない解除）1項4号〔文言のみ変更有り〕

1　次に掲げる場合には、債権者は、前条の催告<u>をすることなく、</u>直ちに<u>契約の解除をすることができる</u>。　…

　四　契約の性質又は当事者の意思表示により、<u>特定の日時又は一定の期間内に履行をしなければ契約をした目的を達することができない場合において、債務者が履行をしないでその時期を経過したとき</u>。

＊　民法第542条〔定期行為〕の場合、履行期の徒過とともに直ちに契約を解除することができますが、その場合でも「契約解除の意思表示」が必要となります。

（参考）最高裁昭和44年8月29日第二小法廷判決集民96号443頁、
　　　　判タ239号155頁＜百選39事件＞

（判旨） 上告棄却。

（ⅰ）「商人間の売買において、当事者の意思表示により、一定の日時または一定の期間内に履行をなさなければ、契約をなした目的を達することができないときは、その売買は確定期売買と解すべきところ、被上告人…が一、七二六坪の土地を売却するについては、特飲街をつくるという特殊な事情があり、そのため相場より相当安く売却したわけであるから、同被上告人としては、土地分譲を業としているかぎり、何時までも安価な土地の提供にしばられることは不本意不合理であるとの立場から、…昭和三〇年三月一〇日までに代金全額の支払いがあることに特別の関心を示したものであり、…同日までに…代金を支払わなければ契約の目的を達することができない確定期売買であるとした原審の判断は相当である。」（ⅱ）「確定期売買においては、当事者の一方が履行をしないで、その時期を経過したときには、該売買契約は解除されたものとみなされるのであり（商法五二五条）、…履行遅滞の有無に関せず、所定時期の経過という客観的事実によつて売買契約は解除されたとみなされるのである。」（（ⅰ）（ⅱ）は著者加筆）

　☞　「直ちに」 と 「可及的速やかに」 の 違いは？

4. 買主の検査・通知義務

　企業間取引において、商品を購入した企業（買主）は、中身を検査して瑕疵を直ちに売主に通知しなければ保障してもらえません。企業間取引以外（民法）の場合と比較してみましょう。

◇**Question5.** **飲食店**を営む**A**は、**店に飾る**ために**画商B**から**竹久夢二の版画**一枚を 50万円で**購入**しました。しかし**購入から3箇月経過後**、**贋作**と判明し、判明から **1 年半後**に**B**にその旨を**通知**しました。この場合、**A**は**B**

に当該**版画**を**返品**できますか**?**

商法 第526条（買主による目的物の検査及び通知）＜文言変更有り＞

1 商人間の売買において、買主は、その売買の目的物を受領したときは、遅滞なく、その物を検査しなければならない。

2 前項に規定する場合において、買主は、同項の規定による検査により売買の目的物が<u>種類、品質又は数量に関して契約の内容に適合しないこと</u>を発見したときは、直ちに売主に対してその旨の通知を発しなければ、その不適合を理由とする<u>履行の追完の請求、代金の減額の請求、損害賠償の請求及び契約の解除</u>をすることができない。<u>売買の目的物が種類又は品質に関して契約の内容に適合しないことを直ちに発見することができない場合において、買主が六箇月以内にその不適合を発見したときも、同様とする。</u>（下線は著者加筆）

＊ 商法526条は、民法の「瑕疵担保責任」の規定の**特則**です。

〈売主の瑕疵（かし）担保責任について〉

2019年施行改正民法は、買主の負担軽減措置として、瑕疵担保責任の追及期間を「1年以内の**権利行使**」から「1年以内の**通知**」に変更しました。さらに、2019年施行改正民法は、国民に分かりやすいルール作りを目指し、「**瑕疵**」の**表現**を（判例の明文化により）「**契約の内容に適合していないこと**」（不適合）へと**変更**しました。改正前民法上の「隠れた瑕疵」の「隠れた」（＝「契約時に買主が瑕疵について善意・無過失」）の要件が不要となったため、改正前民法564条が定めていた権利行使可能**期間**の**善意・悪意**による**区分**（買主善意のとき＝事実を知った時から1年以内、買主悪意のとき＝契約の時から1年以内）を**無**くしました。

┌───┐
民法第566条（目的物の種類又は品質に関する担保責任の期間の制限）

〔2017年民法改正で内容に若干の変更有り〕

　売主が種類又は品質に関して契約の内容に適合しない目的物を買主に引き渡した場合において、買主がその不適合を知った時から一年以内にその旨を売主に通知しないときは、買主は、その不適合を理由として、履行の追完の請求、代金の減額の請求、損害賠償の請求及び契約の解除をすることができない。ただし、売主が引渡しの時にその不適合を知り、又は重大な過失によって知らなかったときは、この限りでない。　（下線は著者加筆）
└───┘
〔≒改正前民570条・566条、564条〕

＜商法526条を「**不特定物**」にも適用した事例＞
（参考）最高裁昭和35年12月2日第二小法廷判決民集14巻13号
　　　　2893頁＜百選〔5版〕51事件＞

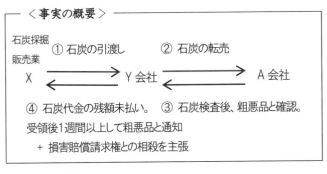

┌── ＜事実の概要＞ ──────────────────┐
石炭採掘
販売業　　　① 石炭の引渡し　　② 石炭の転売

　X　　────────→　Y会社　────────→　A会社
　　　←────────　　　　　←────────

④ 石炭代金の残額未払い。　③ 石炭検査後、粗悪品と確認。
受領後1週間以上して粗悪品と通知
　＋ 損害賠償請求権との相殺を主張
└─────────────────────────────────────┘

（**判旨**）上告棄却。
「商法五二六条の規定は、不特定物の売買にも、適用があると解するのを相当とするから、原審が本石炭の売買につき同条を適用したのは正当

である。…」

（原審の判断（福岡高裁昭和33年1月28日判決））

「商人間の売買において（本件当事者双方がいずれも商人であることは互に明らかに争わないところである）買主がその目的物を受取つたときは遅滞なくこれを検査し、もし瑕疵があることを発見したときは直ちに売主にその通知を発しなければその瑕疵を理由として代金の減額ないし損害賠償の請求をすることはできないものと解すべきであるが、本件売買の目的物である石炭のごときは分析により容易にその品質を検査することができるものであり、…買主においてなすべき前記検査および通知は目的物を受取つた後直ちにこれをなさなければならないものと解するのを相当とする。…控訴人は目的物の瑕疵を理由として被控訴人に対し損害賠償の請求をすることはできない…」

＜商法526条 を「債務不履行責任」の場合に適用＞

（参考）最高裁昭和47年1月25日第三小法廷判決集民105号19頁、
　　　　判タ276号146頁 ＜百選41事件＞

―――― ＜事実の概要＞ ――――

債権者X		債務者Y
（暖房器具	暖房用バーナーの代金支払請求訴訟	（種苗卸売
製造業者）	————————————————→	業者）
（原告・被控訴人	←————————————————	（被告・控訴人・
・被上告人）	暖房用バーナーの欠陥を理由に代金支払拒絶	上告人）

（判旨）上告棄却。

「それゆえ、買主たる上告人は、目的物を受け取つた後遅滞なくこれを検査し、もし、これに瑕疵があることを発見したなら、直ちに被上告人にその旨の通知を発しなければ、その瑕疵によつて契約の解除または損害の賠

償を請求することはできないのであり、その瑕疵が直ちに発見しえないものであるときでも、受領後六か月内にその瑕疵を発見して直ちにその旨の通知を発しなければ、右と同様な結果を招くのである（〔改正前〕商法五二六条一項〔現行商法526条1項・2項〕）。そして、この規定の趣旨に照らせば、右により契約を解除しえず、また、損害の賠償をも請求しえなくなつた後においては、かりになお完全な給付が可能であるとしても、買主は、売主に対して、もはや完全な給付を請求しえないものと解するのが相当である。」

（〔　　〕内は著者加筆）

＊＜瑕疵の検査・通知をした買主（商人）の権利内容・消長には **民法**が**適用**されるとした事例＞

（参考）最高裁平成4年10月20日第三小法廷判決民集46巻7号1129頁＜百選42事件＞

（判旨）破棄差戻し。

「商法五二六条は、商人間の売買における目的物に瑕疵又は数量不足がある場合に、買主が売主に対して損害賠償請求権等の権利を行使するための前提要件を規定したにとどまり、同条所定の義務を履行することにより買主が行使し得る権利の内容及びその消長については、民法の一般原則の定めるところよるべきである。したがって、右の損害賠償請求権は、民法五七〇条、五六六条三項により、買主が瑕疵又は数量不足を発見した時から一年の経過により消滅すると解すべきであり、このことは、商法五二六条の規定による右要件が充足されたこととは関わりが無い。…被上告人は昭和五四年一二月末ないし翌五五年一月初めに、本件売買目的物に瑕疵があることを知つたものであるところ、その瑕疵があつたことに基づく損害賠償を求める本訴を提起したのは、右の最終日から一年以上を経過した昭和五八年一二月七日であつたことが記録上明らかである。」

5. 買主の保管・供託義務

◇**Question6.** 飲食店を営む**A**がスーパーマーケット**B**に米 50 kg を**注文**し、**届いた袋を直ちに開封**すると米 100kgと**請求書**が入っていました。この場合、**A**は、**届いた品**を**どのように扱え**ばよいですか**?**

(ア) 買主が「検査・通知義務」(商526条1項)を履行し、目的物の「瑕疵」又は「数量不足」を理由として契約を解除。

(イ) 売主が契約において約定した物と異なる物品若しくは約定した<u>数量を超える物品</u>を引渡し。

* 上記**(ア)(イ)**の場合、買主は、売主の費用で物品を「保管」又は「供託」します(商527条1項本文)。なお、「滅失・毀損」のおそれあるとき、「裁判所の許可」を得て「競売」して「競売代金」を「保管」「供託」することを要します(商527条1項但書)。

商法 第527条(買主による目的物の保管及び供託)第1項

前条第一項に規定する場合においては、買主は、契約の解除をしたときであっても、売主の費用をもって売買の目的物を保管し、又は供託しなければならない。ただし、その物について滅失又は損傷のおそれがあるときは、裁判所の許可を得てその物を競売に付し、かつ、その代価を保管し、又は供託しなければならない。

商法 第528条

前条の規定は、売主から買主に引き渡した物品が注文した物品と異なる場合における当該売主から買主に引き渡した物品及び売主から買主に引き渡した物品の数量が注文した数量を超過した場合における当該超過した部分の数量の物品について準用する。

＜商事売買（商524条～528条の5箇条）＞

	項　目	商　法	民　法
1	売主の供託・競売権	供託・競売できる（商524条）。	（原則）供託（民494条）（例外）競売（民497条）
2	確定期を徒過した売買	当然解除とみなす（商525条）。	催告なく解除できる（民542条）。
3	買主の検査・通知義務	遅滞なく検査。すぐ発見できないとき6箇月以内（商526条）。	1年以内（民566条）
4	買主の保管・供託義務	有り（商528・527条）。	無し。

6. Let's try !

問1　商行為に関する次の1から5までの各記述のうち，正しいものを2個選びなさい。

1. 判例の趣旨によれば，会社の行為は商行為と推定され，これを争う者において当該行為が当該会社の事業のためにするものでないことの主張立証責任を負う。

2. 商人である隔地者の間において，承諾の期間を定めない契約の申込みを受けた者が相当の期間内に承諾の通知を発しなかったときは，その申込みは効力を失う。

3. 商人間の売買において，売主が債務の本旨に従った弁済の提供をしたにもかかわらず，買主がその目的物の受領を拒んだときは，売主がその物を競売に付するためには，裁判所の許可を得なければならない。

4. 判例の趣旨によれば，商人間の売買における買主の目的物の検査義務及び瑕疵又は数量の不足の通知義務に関する商法の規定は，不特定物の売買の場合には，適用されない。

5. 商人間の売買において，瑕疵がある目的物を引き渡されたことを理由として買主が売買契約を解除した場合には，売主及び買主の営業所が異なる市町村内にあるときであっても，買主は，直ちにその目的物を売主に送り返さなければならない。

問2　商行為に関する次の1から5までの各記述のうち，誤っているものはどれか。

1. 相手方のためには商行為となる行為でなくても，数人の者がそのうちの一人のために商行為となる行為によって債務を負担したときは，その債務は，各自が連帯して負担する。

2. 商人がその営業の範囲内において他人のために金銭の立替えをしたときは，その立替えの日以後の法定利息を請求することができる。

3. 当事者の別段の意思表示がない限り，商人間においてその双方のために商行為となる行為によって生じた債権が弁済期にある場合には，債権者は，その債権の弁済を受けるまで，その債務者との間における商行為によって自己の占有に属した債務者の所有する物であれば，その物の占有取得後に債務者がその物の所有権を失ったときであっても，その物を留置することができる。

4. 商人間の売買において，当事者の意思表示により，一定の期間内に履行をしなければ契約をした目的を達することができない場合において，当事者の一方が履行をしないでその時期を経

過したときは，相手方が直ちにその履行の請求をした場合を除き，契約が解除されたこととなる。

5. 商人は，その営業の範囲内において寄託を受けた場合であっても，報酬を受けるときに限って，善良な管理者の注意をもって，寄託物を保管する義務を負う。

～ ◇Question の ヒント又は 答え ～

◇**Question 1.** ABともに商人であることから商人間の売買（商事売買）に当たります。Aは，怪獣の場合には供託し，鯛の場合には相当の期間を定めてBに催告してから競売するのが賢明でしょう（商524条1項）。**2.** 民法の場合には，原則として供託し，例外的に裁判所の許可を得て競売に付し，代金を供託する必要があります（民494条・497条）。一方，売主・買主ともに商人である場合（商事売買）において，買主が受領拒否または受領不能のときは，供託するかまたは裁判所の許可を得ずに競売することができます（商524条1項）。**3.** A商店は，B文具店から送られたクリスマスカードを購入する必要はありません。期日に間に合わないと何の役にも立たないため，当該売買契約は解除されたものとみなされます（商525条）。**4.** AB間の売買契約は，消滅することなく存続します（商525条）ので，A商店は，B文具店からクリスマスカードを購入することになります。**5.** Aは，返品できません（商526条1項2項，最高裁平成4年10月20日第三小法廷判決民集46巻7号1129頁＜百選42事件＞）。**6.** Aは，注文していない余分な50kgの米をBが引き取りにくるまでBの費用で手元に保管する必要があります（商528条・527条1項）。

Let's try！ の 解答

問1　**正解　1と2**　（平成31年（2019年）司法試験予備試験 短答式試験問題集〔民法・商法・民事訴訟法〕〔第28問〕）。

問2　**正解　5**　（平成29年（2017年）司法試験予備試験 短答式試験問

題集〔民法・商法・民事訴訟法〕〔第28問〕）。

★☆★ 第15章の主要参考文献 ★☆★　（著者 アイウエオ順）

上柳克郎＝北沢正啓＝鴻常夫編『商法総則・商行為法』（有斐閣双書,新版,1998年）169頁-181頁、江頭憲治郎＝山下友信編『別冊ジュリスト 商法（総則・商行為）判例百選』（有斐閣,第5版,2008年）50事件〔尾崎安央〕・51事件〔黒沼悦郎〕・52事件〔山手正史〕102頁-107頁、落合誠一＝大塚龍児＝山下友信著『商法Ⅰ- 総則・商行為』（有斐閣,第6版,2019年）175頁-178頁、同『商法Ⅰ総則商行為』（有斐閣,第4版,2009年）169頁-172頁、神作裕之＝藤田友敬編『別冊ジュリスト商法判例百選』（有斐閣,第6版,2019年）39事件〔鈴木千佳子〕・41事件〔山手正史〕、42事件〔道野真弘〕80頁-81頁,84頁-87頁、岸田雅雄著『ゼミナール商法総則・商行為法入門』（日本経済新聞社,2003年）215頁-224頁、近藤光男著『商法総則・商行為法』（有斐閣,第8版,2019年）141頁-149頁、同『商法総則・商行為法』（有斐閣,第5版補訂版,2008年）144頁-152頁、商事法務編『タクティクスアドバンス2011商法』（商事法務,2011年）60頁-61頁、拙著『はじめての商法（総則・商行為）講義ノート』（関東学院大学出版会,2012年）83頁-89頁、法学セミナー編集部代表編『新司法試験の問題と解説』（日本評論社,2009年）196頁,241頁、法務省・平成31年司法試験 予備試験・短答式試験問題集［民法・商法・民事訴訟法］http://www.moj.go.jp/content/001294578.pdf,民法・商法・民事訴訟法の正解及び配点 http://www.moj.go.jp/content/001295332.pdf 法務省・平成29年司法試験 予備試験・短答式試験問題集［民法・商法・民事訴訟法］http://www.moj.go.jp/content/001225193.pdf,民法・商法・民事訴訟法の正解及び配点 http://www.moj.go.jp/content/001227109.pdf、法務省民事局「民法（債権関係）の改正に関する説明資料- 主な改正事項-」（2018年5月10日）42頁-43頁http://www.moj.go.jp/MINJI/minji06_001070000.html、弥永真生著『リーガルマインド商法総則・商行為法』（有斐閣, 第2版補訂版,2007年）105頁,109頁,215頁-224頁。

第16章　交互計算、匿名組合

本章では、平素から継続的な取引関係がある場合に支払いの簡素化を図る制度である「交互計算」および最近 SPC（特別目的会社）において利用が増えている「匿名組合契約」がどのようなものであるかについて学びます。

目　次
1. 交互計算（商529条〜）
2. 匿名組合
3. Let's try !

1. 交互計算（商529条〜）

　交互計算とは、平常（継続的）取引関係がある当事者間において、契約で一定期間を定め、その期間終了後に対当額を一括相殺し、残った差額についてのみ債務を履行する制度です。当事者の一方が商人である場合について、商法は規定を置いています。

商法 第529条（交互計算）

　交互計算は、商人間又は商人と商人でない者との間で平常取引をする場合において、一定の期間内の取引から生ずる債権及び債務の総額について相殺をし、その残額の支払をすることを約することによって、その効力を生ずる。

（例） 交互計算期間(9/1～11/30)	
A ————————————— B	
9月 ▲50万円	9月 △50万円
10月 △10万円	10月 ▲10万円
11月 △20万円	11月 ▲20万円

◇**Question 1.** 上記の**（例）**において、**11月30日**に**A**は**B**に対し**ていくら支払え**ばよいですか**?**（△は、債権額を、▲は、債務の額を表しています。）

◇**Question 2.** **AB**間で**3か月**の**交互計算期間**を定め**4月**から交互計算期間が**始まる場合**において、**BがAに対して有する債権を債権者Cが5月にいったん差押える**ことは**できますか?**

（**参考**）大判昭和11年3月11日民集15巻320頁＜百選64事件＞

（1）古典的交互計算

（ア）「**交互計算不可分の原則**」とは、継続的取引を行っている当事者間において**債権・債務**を1つの**不可分**な全体に**融合**するものとして計算期間経過**後**に一方の当事者に生ずる**残額**のみを**請求可能な債権**として取り扱う「**交互計算の担保的機能**」のための理論構成です。

（イ）「**交互計算の担保的機能**」として、対当額については交互計算を行っている**当事者A・B**は、他の債権者に優先して満足を受ける権利を有しています。決済簡易化のための機能です。

(2)　**段階的交互計算**は、古典的交互計算に遅れて考案されました。「交互計算不可分の原則」を**否定**しているため、商法**529条**の**適用**は**ありません**。古典的交互計算における担保的機能の問題に対処し、かつ「信用授与」的性格を含まないものも包括する内容である点で、古典的交互計算と異なります。　<段階的交互計算の例>　銀行の「**当座勘定取引契約**」

◇**Question3.**　**当事者間**で**特**に**定め**が**無い**場合、**交互計算期間**はどのようになりますか**?**

2.　匿名組合

> **商法　第535条**（匿名組合契約）
>
> 　匿名組合契約は、当事者の一方が相手方の営業のために出資をし、その営業から生ずる利益を分配することを約することによって、その効力を生ずる。

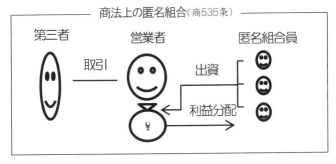

商法上の匿名組合（商535条）

(1) 沿革

　「匿名組合」「合資会社」は、中世の地中海沿岸地方の「**コメン**

ダ契約」に端を発します。

(2) 法的性質

　「匿名組合契約」は、**有償双務の諾成契約**（= 意思表示の合致だけで効力を生ずる契約）です。

　出資した財産が組合員の「共有財産」ではなく「**営業者の財産**」となる点（商536条1項）で「民法上の組合」（民668条「各組合員の出資その他の組合財産は、**総組合員**の**共有**に属する。」対照）と異なります。

(3) 当事者の権利・義務

① **匿名組合員**の**出資**義務（商536条1項・2項）

　　→ **金銭**出資のみ○、労務出資×、信用出資×

② **営業者**の利益**分配**義務（商535条）

　　→ 営業から生じる利益を分配する義務。

　　（参照）東京地判平成7年3月28日判時1557号104頁＜百選〔5版〕82事件＞

③ **匿名組合員**の「**損失分担義務**」＝ 匿名組合の「**常素**」

◇**Question4.** 匿名組合の匿名組合員は、**相互**にどのような**関係**にありますか？

◇**Question5.** **営業者**はどのような者でなければなりませんか？

◇**Question6.** **匿名組合員**および**営業者の**負う**義務**としてそれぞれどのようなものがありますか？

◇**Question7.** 匿名組合員は、営業者の行為について第三者との間でどのような**権利・義務**を有しますか？

◇**Question8.　営業者の死亡で匿名組合契約は終了しますか？**

（参考）匿名組合契約の終了原因（商540条、541条）

3.　Let's try！

問　匿名組合に関する次のアからオまでの各記述のうち，誤っているものを組み合わせたものは，後記1から5までのうちどれか。

ア. 匿名組合契約は有償双務の諾成契約である。

イ. 匿名組合員の出資は，すべて営業者の財産に属し，契約当事者の共有財産となるものではない。

ウ. 匿名組合契約においては，匿名組合員に対して利益の分配をしない特約をすることは許されないが，匿名組合員が損失の負担をしない特約は可能である。

エ. 匿名組合員は，労務をその出資の目的とすることができる。

オ. 匿名組合契約は匿名組合員又は営業者が死亡し，又は破産手続開始の決定を受けたことにより，終了する。

1.　ア　ウ　　2.　ア　オ　　3.　イ　ウ　　4.　イ　エ　　5.　エ　オ

～ ◇**Question の ヒント 又は答え** ～

◇**Question1.** Aは、Bに20万円支払うことになります。**2.** 判例によればできないと解されます（大判昭和11年3月11日民集15巻320頁＜百選64事件＞）。通説・判例は、個々の債務につき譲渡・差押えを禁止しており、時効も進行しないと解しています。**3.** 6箇月（商531条）。**4.** 相互の法律関係はありません（商536条2・3・4項）。但し、営業者の商号に出名を許したとき、連帯責任を負います（商537条）（禁反言の法理）。**5.**「営業者」は、「商人」でなければなり

ません（商535・540条）。**6.　2-（3）**を参照。**7.** 匿名組合員は、営業者の行為について第三者に対して権利・義務を有しません（商536条4項）。**8.** 終了します（商541条2号）。

＃ Let's try！ の解答 ＃

問1　正解 5　（2008年度 新司法試験 短答式試験問題集〔民事系科目〕〔第52
　　　　　　　　問〕）ア （商535条）、イ（商536条1項）、ウ（商535条、538条）、
　　　　　　　　エ（商536条2項）、オ（商541条2号）。

＊☆＊ 第16章の主要参考文献 **＊☆＊**　（著者 アイウエオ順）

上柳克郎＝北沢正啓＝鴻常夫編『商法総則・商行為法』（有斐閣双書,新版,1998年）183頁-
203頁、江頭憲治郎＝山下友信編『別冊ジュリスト 商法（総則・商行為）判例百選』（有斐閣,
第5版,2008年）162頁-163頁,166頁-167頁,80事件〔高田晴仁〕・82事件〔遠藤美光〕、落
合誠一＝大塚龍児＝山下友信著『商法Ⅰ総則商行為』（有斐閣,第6版,2019年）275頁-281
頁、同『商法Ⅰ総則商行為』（有斐閣,第4版,2009年）256頁-259頁、神作裕之＝藤田友敬
編『別冊ジュリスト商法判例百選』（有斐閣,第6版,2019年）64事件〔高田晴仁〕、岸田雅雄著
『ゼミナール商法総則・商行為法入門』（日本経済新聞社2003年）288頁-298頁、近藤光男
著『商法総則・商行為法』（有斐閣,第8版,2019年）163頁-176頁、同『商法総則・商行為法』
（有斐閣,第5版補訂版,2008年）163頁-176頁、商事法務編『タクティクスアドバンス2011商
法』（商事法務,2011年）62頁-63頁、拙著『はじめての商法（総則・商行為）講義ノート』（関東
学院大学出版会,2012年）90頁-92頁、法学セミナー編集部代表編『新司法試験の問題と
解説』（日本評論社,2008年）177頁,222頁、法務省ホームページ平成20年新司法試験問
題短答式試験問題集〔民事系科目〕http://www.moj.go.jp/content/000006412.pdf、正解及び
配点.http://www.moj.go.jp/content/000006434.pdf、弥永真生著『リーガルマインド商法総則・商行
為法』（有斐閣,第2版補訂版,2007年）171頁-180頁。

第17章　後半 中間テスト　　持込不可　＿＿点／10点

以下の問いを読んで、解答欄に適切な番号を記入しましょう。

1. 次の中から正しいものを1つ選びましょう。

① 判例によれば、支店長代理の名称は、営業の主任者にあたるため、取引の相手方に対して表見支配人としての責任が生じる。

② 商人Aが自己の商号を商人Bに譲渡するためには、Aの営業を必ず廃止しなければならない。

③ 工場は、支店や出張所とともに重要な商法上の営業所であり、営業所らしい外観を備えたものであるから、工場長は、取引の相手方に対して表見支配人としての責任を負う。

④ 支配人らしい名称を付された表見支配人は、本店または支店の営業に関する一切の裁判上または裁判外の行為につき、支配人と同一の権限を有するものとみなされ、善意の第三者に対してその責任を負う。

⑤ 商人Aが他の商人Bに自己の商号使用を許諾することを、商法上、名板貸しと呼び、判例によれば、Bと第三者Cとの間の取引による債務不履行にもとづく損害賠償責任に加え、取引行為の外形をもつ不法行為によってBが負担する損害賠償義務を、Aは、Bと連帯して負う。

2. 次の中から正しいものを1つ選びましょう。

① 支配人は、営業主に対して常に、自己または第三者のために営業主の営業の部類に属する取引をすることができない競業避止義務を負う。

② 商人に代わってその営業に関する一切の裁判外の行為をなす権限

を有する者を商法上、支配人と呼ぶ。

③ 支配人の選任・解任を行うのは営業主であり、支配人は、他の支配人の選任・解任権を有するものではないと解される。

④ 支配人は営業主に対して、自ら営業を行わない営業避止義務を負うため、いかなる場合においても自ら別に会社を設立して経営を行うことができない。

⑤ 支配人の選任およびその代理権の消滅は、絶対的登記事項とされ、かつ代理権に加えた制限を善意の第三者に対抗することが認められている。

3. 次の中から誤っているものを1つ選びましょう。

① 問屋とは、自己の名をもって他人の計算において物品の販売または買入れをなすことを業とする者であり、取引の相手方にとっても法律上の当事者となる。

② 部長・課長・主任という名称が付された、ある種類又は特定の事項について委任を受けた使用人は、支配人とは対照的に包括的代理権を有していない。

③ 特定の商人に従属する企業内部の補助者であってその商人の営業上の代理権を有する者を商法上、商業使用人と呼ぶ。

④ 代理商とは、一定の商人のため平常その営業の部類に属する取引の代理または媒介を行う者であって、その商人の使用人でない者である。

⑤ 物品の販売・買入ではなくサービス（役務）の取次を業とする者を準問屋と呼ぶ。

4. 次の中から正しいものを1つ選びましょう。

① 判例によれば、善意無過失の取引の相手方が商人の代理人に対して取引の履行を求めてきた場合には、本人である商人は、取引の相手方に対してもはや自己との間の法律関係を主張することができない。

② 本人である商人Aが死亡した場合、代理人Bの代理権も消滅する。

③ ある企業の部長Bが相手方Cと取引を行う場合において、本人である商人AのためにすることをCに示さないとき、BC間の法律行為の効果はAに帰属しない。

④ 締約代理商の行う行為の効果は、代理人に帰属する。

5. 次の中から正しいものを1つ選びましょう。

① 保証人Bが商人Aの商行為によって生じた債務1000万円を保証した場合には、Aの債権者Cが1000万円の支払いをBに求めてきたとき、Aのところにまず行ってください、と抗弁することができる。

② 商人Aが非商人Bに対して金3万円を1週間貸した場合、約定がなくとも、AはBに対して、当該借入金に対する法定利息を請求することができる。

③ 商法上の債権の消滅時効期間は、原則として10年である。

④ 当事者間に特約がない場合は、商法上の年間の法定利息は、年5%と定められている。

6. 次の中から正しいものを1つ選びましょう。

① 離れたところにいる商人間で期間を定めない書面申込みを行う場合においては、商法上、相当な期間が経過したとき、当該申込みは、撤回の意思表示を行うことによってその効力を失う。

② 契約自由の原則によって、公序良俗に反しない限り、誰とどのような内容の契約を結んでもよいことが保障され、これに対する制約は認められていない。

③ 菓子製造販売業を営むAは、青果業を営むBから3日に一度、果物の盛り合わせ10セットを仕入れてきたが、連休前にBからの申込みを受けて返事をしなかったところ、Bから平常通り果物が送られてきた場合、Aは、当該果物を購入しなければならない。

④ 小田原市で文具店を営むAから宣伝用葉書でボールペン100本の販売の申込みを受けた横須賀市のスーパーマーケットBが申込みから3か月経過後に購入の意思を表示した場合には、Bの意思表示は、承諾の意思表示とみなされる。

7. 次の中から正しいものを1つ選びましょう。

① 自動車修理業を営む商人Aのところに、商人ではないBが自己の所有する自動車の修理を終えて持ち帰ったが期限を過ぎても当該自動車の修理代金を支払っていない場合、Bが新たに自己の所有するオートバイを修理に出してその修理代金を支払ったとしても、Aは、Bが自動車代金の支払を受けるまでBのオートバイを留置することができる。

② 運送取扱人Aが委託者Bから報酬または運送賃を受け取っていない場合には、委託者Bから受け取った運送品その他Aが占有するBの所有物を留置することができる。

③ 住宅販売業を営むAは、家具製造販売業を営むBにモデルハウス用の応接セット一式を注文し、これが期日までに納品された。3か月経過後、引き続きAがBに箪笥一式を注文した。前記の応接セット一式の代金の支払期日が到来を過ぎても未払いであるとき、Aが当該箪笥の代

金を支払ったとしても、Bは、当該箪笥一式を応接セットの代金の支払いがなされるまで留置することができる。

④　代理商の留置権は、被担保債権と留置する物又は有価証券との間に直接の牽連関係を要する点で、通常の商事留置権と同じである。

8. 次の中から正しいものを1つ選びましょう。

①　不特定多数の商人の法律行為の媒介をなす仲立人は、契約が成立するまでの間についてのみ、見本の保管義務および当事者双方に対する結約書交付義務を負う。

②　宅地建物取引業者AがBのマンションをCに販売するのに尽力し、BC間での売買契約が成立した場合、Aは、原則としてBCのうちの一方に対してのみ報酬を請求できる。

③　問屋の一種である証券会社が顧客からの注文通りの値段で証券取引所から証券を買入れなければならないことを問屋の介入義務と呼ぶ。

④　証券会社が委託者の経験・財産状態に照らして無理な取引を勧誘しないよう配慮しなければならないことを適合性の原則と呼ぶが、これは努力義務であるため、違反しても法的責任が発生することはない。

⑤　民事仲立人とは、商行為でない法律行為の媒介を行う者であり、他人間の商行為の媒介を行う商事仲立人とは異なるが、自己の名で仲立ちを業とするときは、商法上の商人となる。

9. 次の中から正しいものを1つ選びましょう。

① 商人が寄託を受けた場合において報酬を得ていないときは、寄託物の保管について善管注意義務を負わない。

② 旅館を経営するAが旅館の宿泊客用にと竹細工職人Bから箸十膳を見本として送られた場合において、Bの製作した箸が気に入らないときは、Aは、この箸をBの費用でBに送付する義務を負う。

③ 匿名組合員は、信用・労務出資をすることができず、出資した財産は、営業主の財産に帰属する。

④ 商法上、流質契約は禁止されている。

10. 次の中から正しいものを1つ選びましょう。

① 株式会社は、一般に公正妥当と認められる企業会計の慣行に従わなければならず、商人および持分会社よりもこの点で厳格である。

② 株式会社の計算書類の中には、株主資本等変動計算書と事業報告が含まれる。

③ 商人は、商法上、必ず会計帳簿と貸借対照表を作成しなければならない。

④ 商人は、帳簿閉鎖の時から5年間、商業帳簿を保存しなければならない。

＜解答欄＞

1	2	3	4	5	6	7	8	9	10

☆　後半 中間テスト の解答 および ヒント　☆☆

1.　**⑤**　　①最判昭和59年3月29日集民141号481頁、判タ544号1
25頁＜百選24事件＞、②営業とともにする場合も可能（商15
条1項）、③最判昭和37年 5月1日民集16巻5号1031頁＜
百選23事件＞、④商24条、会13条、⑤商14条、最判昭和
58年1月25日判時1072号144頁。

2.　**③**　　①商23条1項柱書・同項2号、②商21条1項、③商21条2
項の反対解釈、④商23条1項柱書・同項1号・3号・4号、⑤
商22条・会社918条、商21条3項・会社11条3項。

3.　**②**　　①商551条、②商25条1項、③商20条以下、25条、26条、
④商27条カッコ書、⑤商558条。

4.　**①**　　①商504条但書、最大判昭和43年4月24日民集22巻4号
1043頁＜百選30事件＞の立場、②商506条、③商504条
本文、④商27条、504条本文。

5.　**②**　　①商511条2項、②商513条1項、③5年（民166条1項1号）
〔＝改正前商522条〕、④原則3％に**改正（2020年4月施行民
法404条2項）**〔従来6％／年だった**商514条を同時に削除**〕。

6.　**③**　　①商508条、②制限があります（第13章参照）。③商509条2
項、④新たな申込み（商508条2項・民524条）。

7.　**③**　　①民295条、②商562条、③商521条、④商31条、商521
条対照。

8.　**⑤**　　① 商543条、545条、546条、②商550条2項、③指値遵
守義務（商554条（問屋が委託者の指定した金額との差額を負
担する場合の販売又は買入れの効力））、④不法行為責任を
負います（最判平成17年7月14日民集59巻6号1323頁＜百
選〔5版〕89事件＞）、⑤商502条11号・4条1項。

9. **③** ①商595条〔＝改正前商593条〕（民659条対照）、②商510条、
③商536条1項2項、④商515条（民349条対照）。

10. **③** ①商19条、会社431条、会社614条、②貸借対照表、損益
計算書、株主資本等変動計算書、個別注記表（会社435条
2項、会社計算規則59条1項）（なお、会社計算規則は、改正が
多いので、条文数の変更に注意してください）、③商19条2項、
④商19条3項。

＊☆＊ 第17章の主要参考文献 ＊☆＊ （著者 アイウエオ順）

第7章から第16章までの主要参考文献のほか、江頭憲治郎＝山下友信編『別冊ジュリスト
商法(総則・商行為)判例百選』（有斐閣,第5版,2008年）89事件〔川島いづみ〕180頁-181
頁、商事法務編『タクティクスアドバンス2011商法』（商事法務,2011年）34頁-67頁、法学
検定試験委員会編『2011年法学検定試験問題集3級企業コース』（商事法務,2011年）25
3頁-257頁,369頁-374頁。

第18章　運送営業

　本章では、宅配便で遠方に荷物を送ったり、電車やバスに乗る、といった日常の運送取引においては、運送人が大量の物品・人を迅速に運ばなければならないため、運送人の負う責任を一定の範囲に限定する必要があります。本章では、運送人・運送取扱人がどのような義務と責任を負うかについて学びます。

目　次

1.　運送営業(商569条以下) ～ 陸上・海上・航空 ～

<物の流れ> 運送 ＋ 倉庫 ＝ 物流
　(例) カンバン方式

> ☞ 海上運送(第四編　海商737条以下)(国際海上物品運送法)、航空運送(ワルソー条約)

(1)「運送人」とは？ (商569条)

　平成31年 (2019年) 4月1日施行改正商法は、「**運送人**」の定

義規定に「**航空**」運送を含めて次のとおり改正（商569条1号）しました（平成31年（2019年）改正前商法569条は、「物品又は旅客」を陸上・湖川・港湾において運送する者と定義していました）。「**運送**」の定義は、従来通り、「**物品又は旅客の運送**」であり、**陸上・海上・航空運送に共通**します（商569条2号〔陸上運送〕・3号〔海上運送〕・4号〔航空運送〕）。

― 商法 第569条 ―――――――――――

この法律において、次の各号に掲げる用語の意義は、当該各号に定めるところによる。

一　運送人　陸上運送、海上運送又は<u>航空運送</u>の引受けをすることを業とする者をいう。

二　陸上運送　陸上における物品又は旅客の運送をいう。…

（波線は著者加筆）

（例）「宅配便」、人を運ぶ「鉄道」「バス」「タクシー」等。

「運送」を営業として行う者は「商人」です（商4条1項・502条4号）。

(2)「**運送取扱人**」とは？（商559条）

荷物を送る人が遠方に物を送る場合、それぞれの地域の「運送人（運送会社）」の**選定**を依頼することがあります。これを引き受けるのが「運送取扱人」（商559条1項）です。

― 商法 第559条（定義）―――――――――

1　この章において「運送取扱人」とは、自己の名をもって物品運送の取次ぎをすることを業とする者をいう。

2　運送取扱人については、この章に別段の定めがある場合を除き、第五百五十一条に規定する問屋に関する規定を準用する。

（3）物品運送契約 ☞ 請負契約（民632条以下）の一種。通常、運送約款（普通契約約款）に詳細を定めます。

── 民法　第632条（請負）──

　　請負は、当事者の一方がある仕事を完成することを約し、相手方がその仕事の結果に対してその報酬を支払うことを約することによって、その効力を生ずる。

◇**Question1.　物品運送契約**における**契約の当事者**は誰ですか**？**

荷送人　　　　　　　運送人　　　　　　　荷受人

物品
運送契約

運送人

送り状作成　　　　　　　　　　　（荷受人と同一でもよい）

　運送品が到達地に達するまで**荷送人**には「**運送品処分権**」があります（**商580条1項**）。

商法　第580条第1項（荷送人による運送の中止等の請求）

〔≒改正前商582条1項前段〕

　　荷送人は、運送人に対し、運送の中止、荷受人の変更その他の処分を請求することができる。…

◇**Question2.　荷受人**が運送人に対する**運送品の引渡請求権**を**取得**するのは**いつ**ですか**？**

商法 第581条第1項（荷受人の権利義務等）

〔≒改正前商582条第2項・583条第1項〕

荷受人は、運送品が到達地に到着し、又は運送品の全部が滅失したときは、物品運送契約によって生じた荷送人の権利と同一の権利を取得する。

◇**Question 3.** **運送品**が**運送途上**で**滅失・損傷**（毀損）した場合は？

2. 運送人の義務
(1) 運送証券交付義務

運送人には**運送証券**（=**運送品の引渡請求権**を表章する**有価証券**（有価証券については第21章を参照））を**交付**する**義務**があります。

(例)　「船荷証券」（内航船（商757条）、外航船（国際海運15条が商757条を適用））、＜削除＞「貨物引換証」〔平成31年（2019年）施行改正前商571条1項の規定〕

国際海上物品運送法15条（商法の適用）

第一条の運送には、商法第五百七十五条、第五百七十六条、第五百八十四条、第五百八十七条、第五百八十八条、第七百三十九条第一項、（同法第七百五十六条第一項において準用する場合を含む。）及び第二項、第七百五十六条第二項並びに第七百六十九条の規定を除き、同法第二編第八章第二節及び第三編第三章の規定を適用する。

---

(2) 運送品の保管・処分義務

① **保管義務**（商575条・739条、国際海運3条）： 外航船にも適用されます。

② **処分義務**（商580条）： 荷送人の指示に従い、運送の中止、運送品の処分などを行う義務です。

(3) 引渡義務：荷受人に運送品を届ける義務。

(4) 損害賠償義務

　運送人の「債務不履行責任」（商575条）は、「**過失責任**」であり、民法415条を注意的に規定し「**挙証責任の一部転換**」が図られていると解釈されています（通説）。

＜運送人の損害賠償責任＞

商法 第575条（運送人の責任）〔≒改正前商577条〕

運送人は、運送品の受取から引渡までの間にその運送品が滅失し若しくは損傷し、若しくはその滅失若しくは損傷の原因が生じ、又は運送品が延着したときは、これによって生じた損害を賠償する責任を負う。ただし、運送人がその運送品の受取、運送、保管及び引渡しについて注意を怠らなかったことを証明したときは、この限りでない。　（波線は著者加筆）

☞ *2019年施行改正商法*は、条文の文言を「「毀損」 → 「**損傷**」に改めました。

＊ 責任の発生に「過失」が必要か否かで「**過失責任**」と「**無過失責任**」に分かれます。

☞ さらに、次の裁判例を参考に「過失」と「重過失」について
考えてみましょう。

（参考）東京高等裁判所昭和58年6月29日判決東高民事報34巻4～6号80頁

「一般に小荷物の取扱に当っては、運送の委託を受けた運送人は、荷
送人に対して毀損＜現行商法上の「損傷」＞あるいは盗難等を受けるこ
とのないように善良な管理者としての注意をすべき義務をおうことは当然
であり、それらが本件において当事者間に争いないように貴重品として明
告がなされている場合には、一層慎重に注意を払うべきであるところ、本
件小荷物の盗難時の状況をみるに、本件小荷物の置き場は、アコーデ
オン式シャッターで公道と遮断されてはいるけれども、内部の様子を外部
から観察できる状況にあり、かつシャッター脇の通用門の鍵については、
Yに保管が委ねられていたのであるが、…施錠のされていない状態に置
かれていることがあり、したがって外部からの侵入が可能であったこと、ま
た特に警備要員の配置はなく、時間によっては荷物置場が無人となる状
況にあったことが指摘でき、小荷物の取扱の点については、事務室内に
貴重品の保管場所は設置されているが、…積込予定列車の到着に若
干余裕のある時刻に本件小荷物を一般荷物と同じ場所に持ち出し、か
つそれを同所に置いたまま暫時その場を離れたことを認めることができる。
しかしながら、一方で本件盗難事故は、○○が本件小荷物から目を離し
た極めて短時間内に発生したものであって、その間にこのような事故が起
こるなどということは○○ならずとも予測し難いところであったものと考えら
れ、そのうえ、本件盗難は、この種の窃盗事件を処処で発生させていた
専門的窃盗団によって、周到な準備と計画のもとに、極めて巧妙に敢行
されたいわば職業的犯罪に属するものであることが明らかである。

　このような諸事情を併せ考えるとき、本件○○の行為について重過失があると評するのは余りに過酷に失するものと認められ、また、一審被告の本件小荷物の取扱いについて、運送契約本来の目的を著しく逸脱するような態度があったというような事情を認めることもできない。…以上の諸点を総合すれば、本件債務の履行につき一審被告に重大な過失があったとするのは相当ではないが、本件小荷物の一審被告への明告額が六〇〇〇万円であって…極めて高額であるにも拘らず、これをたとい僅かな時間にもせよ外部から侵入可能な場所に置き、監視の目を離して本件事故を発生させたことにつき、未だ○○に全く過失がなかったものとは断じがたいといわなければならない。」（○○著者改変、＜　＞内著者加筆）

◇**Question4.** 　運送人は、**何を証明**する**必要**がありますか**？**

◇**Question5.** 　**トラックの荷台の後部扉の施錠をせずに走行して運送品が路上に転がり紛失・滅失**した場合、**運送人（運送会社）**は、**どのような責任を負**いますか**？**

◇**Question6.** 　◇**Question5**の場合において、**悪意又は重大な過失等の主張・立証責任を負うのは誰**ですか**？**

(5) 損害賠償の額（商576条）（民法416条の特則）

　運送人の損害賠償額があまりに過大になると、運送自体を引受ける人がいなくなってしまうことを考慮し、商法は、運送人の損害賠償額を一定の範囲にとどめる規定を置いています。

　ただし、2019 年施行改正商法は、「**全部滅失**」〔改正前商580条1項〕と「**一部滅失**」〔改正前商580条2項〕の**区分**を**無く**しました。

___ 商法 第576条（損害賠償の額）___

1 運送品の滅失又は損傷の場合における損害賠償の額は、その引渡しがされるべき地及び時における運送品の市場価格（<u>取引所の相場がある物については、その相場</u>）によって定める。ただし、市場価格がないときは、その地及び時における同種類で同一の品質の物品の正常な価格によって定める。…… （中略） ……

3 前二項の規定は、運送人の故意又は重大な過失によって運送品の滅失又は損傷が生じたときは、適用しない。 （下線は著者加筆）

＊ 平成31年（2019年）施行改正商法は、「運送営業」に関する規定を「運送取扱営業」に準用する形式を採用しました（商564条〔物品運送に関する規定の準用〕）（⇔改正前商法は、逆〔商法589条〕。）

（参考）最高裁昭和53年4月20日第一小法廷判決民集32巻3号670頁＜百選74事件＞

「〔改正前商法〕580条1項〔現行商法576条〕が運送品の価格による損害賠償責任を定めている趣旨は、運送品の全部滅失により荷送人又は荷受人に損害が生じた場合、これによる<u>運送人の損害賠償責任を一定限度にとどめて大量の物品の運送にあたる運送人を保護し、あわせて賠償すべき損害の範囲を画一化してこれに関する紛争を防止するところにあるものと解される。</u>」（〔 〕内および波線は筆者加筆）

___ 商法 第584条（運送人の責任の消滅）〔＝改正前商588条〕第1項 ___

運送品の損傷又は一部滅失についての運送人の責任は、荷受人が異議をとどめないで運送品を受け取ったときは、消滅する。ただし、運送品に直ちに発見することができない損傷又は一部滅失があった場合において、荷受人が引渡しの日から二週間以内に運送人に対してその旨の通知を発したときは、この限りでない。

┌─ **商法 第585条**〔＝改正前商589条・566条〕＜除斥期間＞ ─────
│　運送品の滅失等についての運送人の責任は、運送品の引渡しがさ
│れた日（運送品の全部滅失の場合にあっては、その引渡しがされるべ
│き日）から一年以内に裁判上の請求がされないときは、消滅する。
└──────────────────────────────────

◇**Question7.** 運送品を荷受人に引渡してから**２年後**、運送人Ａ
　　　　　　　　（運送会社）の従業員・履行補助者であるトラック
　　　　　　　　の**運転手Ｙに対して損害賠償請求**がなされた場合、
　　　　　　　　Ｙは、**Ａの有する抗弁権を援用**できますか？

◇**Question8.** ヒマラヤ条項とは？

┌─ 商法第588条（運送人の被用者の不法行為責任）＜2019年施行改正商法新設＞ ─
│1　前条の規定により運送品の滅失等についての運送人の損害賠償
│　の責任が免除され、又は軽減される場合には、その責任が免除さ
│　れ、又は軽減される限度において、その運送品の滅失等についての
│　運送人の被用者の荷送人又は荷受人に対する不法行為による損
│　害賠償の責任も、免除され、又は軽減される。
└──────────────────────────────────

3. 運送人の権利

(1) 運送品引渡請求権：当然あります。

(2)「送り状」交付請求権（商571条）

　　☞　「**送り状**」＝平成30年（2018年）改正前商法上の「**運送
　　　　状**」〔＝改正前商570条1項〕

　　　　→（例）宅配便の送り状 ＝ 証拠証券（≠有価証券）

　　送り状 の「**記載事項**」（商571条）

　　　①運送品の種類、②容積・重量・個数等、③荷造りの種類、
　　　④荷送人・荷受人の氏名・名称、⑤発送地及び到達地。

◇Question9. 運送状の交付は、運送契約の成立要件ですか？

(3) 危険物に関する情報を得る権利(= 荷送人の危険物通知義務)

2019年4月施行の改正商法は、荷送人が運送品として爆発・引火する「危険物」（例えば、ガソリンなど）を送るときは、安全な運送ができるよう、品名・性質を運送人に通知しなければならないと条文に明記しました(商572条)。

> 商法第572条(危険物に関する通知義務)＜2019年施行改正商法新設＞
> 荷送人は、運送品が引火性、爆発性その他の危険性を有するものであるときは、その引渡しの前に、運送人に対し、その旨及び当該運送品の品名、性質その他の当該運送品の安全な運送に必要な情報を通知しなければならない。

(4) 運送賃請求権

① 特約がない限り、前払いを請求できません(民633条)。

> 民法 第633条(報酬の支払時期)
> 報酬は、仕事の目的物の引渡しと同時に、支払わなければならない。ただし、物の引渡しを要しないときは、第六百二十四条第一項の規定を準用する。

② 運送品の全部・一部の滅失(商573条)〔≒改正前576条〕

2020年施行改正商法は、運送人が運送賃を請求できない「不可抗力」の文言を削除し、荷送人の運送賃支払義務を規定する形を採りました。

> 商法第573条2項〔≒改正前商576条1項〕＜2020年施行商法変更有＞
> 運送品がその性質又は瑕疵によって滅失し、又は損傷したときは、荷送人は、運送賃の支払を拒むことができない。…

(5) 供託・競売権（商582条・583条：陸上運送）

　　　　　　　　⇔　海上運送（商742条、国際海運15条）

(6) 留置権（商574条、国際海運15条）

商法　第574条（運送人の留置権）
　運送人は、運送品に関して受け取るべき運送賃、付随の費用及び立替金(以下この節において「運送賃等」という。)についてのみ、その弁済を受けるまで、その運送品を留置することができる。

◇**Question10.** 荷物を受け取る人が誰かわからない場合、**運送人はどうすればよい**ですか**？**

4. 高価品の特則

　高価品だと知らずに運送途上で紛失・損壊した場合、不測の事態が生じ運送業者のなり手が無くなる危険があります。そこで商法は、特則を置いています（商577条）〔≒2018年改正前商578条〕。

商法第577条（高価品の特則）〔≒2019年改正前商578条<**2項新設**>〕
1　貨幣、有価証券その他の高価品については、荷送人が運送を委託するに当たりその種類及び価額を**通知**＜（改正前は）**明告**＞した場合を除き、運送人は、その減失、損傷又は延着について損害賠償の責任を負わない。
2　前項の規定は、次に掲げる場合には、適用しない。
　　一　物品運送契約の締結の当時、運送品が高価品であることを運送人が知っていたとき。
　　二　運送人の故意又は重大な過失によって高価品の減失、損傷又は延着が生じたとき。　　（＜　　＞内は著者加筆）

216

◇**Question11.　高価品**とは**何ですか？　高価品**には**どのようなものがありますか？**

（参考）最高裁昭和45年4月21日判決集民99号129頁、判時593頁
　　　　＜百選75事件＞

（判旨）上告棄却。

「商法五七八条〔現行商法577条〕所定の**高価品**とは、**容積または重量の割に著しく高価な物品**をいうものと解すべきところ、…本件研磨機は容積重量ともに相当巨大であって、その高価なことも一見明瞭な品種であるというのであるから、本件研磨機は同条所定の高価品にはあたらないというべきである。」

◇**Question12.　高価品の種類・価額**についての**通知**（改正前商法上の「**明告**」）を**いつまでにする必要**がありますか？

◇**Question13.　荷送人**は、**運送人**に対して有する**債務不履行責任**に基づく**損害賠償責任の事実関係**が**同時**に**不法行為行為責任の要件**を満たすとき、**不法行為に基づく損害賠償請求権**も**有しますか？**

　　（参考）　**請求権競合説**　対　**法条競合説**

＜「**通知**」（＝＜改正前の＞「明告」）を欠く場合＞

（参考）最高裁平成10年4月30日第一小法廷判決裁時1218号8頁、
　　　　集民188号385頁、判タ980号101頁＜百選77事件＞

　運送人が標準宅配便約款に従った運送約款で損害賠償限度額を30万円と定め、送り状用紙にもその旨を記載していたが、運送人が運送中に394万円相当の宝石（ダイヤモンド等）が入った運送品を紛失したことにつき荷送人から不法行為責任を追及された事案。

(判旨) 上告棄却。

「…責任限度額の定めは、運送人の荷送人に対する債務不履行に基づく責任についてだけでなく、荷送人に対する不法行為に基づく責任についても適用されるものと解するのが当事者の合理的な意思に合致するというべきである。けだし、そのように解さないと、損害賠償の額を責任限度額の範囲内に限った趣旨が没却されることになるからであり、また、そのように解しても、運送人の故意又は重大な過失によって荷物が滅失又は毀損＜現行商法上「損傷」＞した場合には運送人はそれによって生じた一切の損害を賠償しなければならないのであって（本件約款二五条六項）、荷送人に不当な不利益をもたらすことにはならないからである。…荷送人も、少なくとも宅配便によって荷物が運送されることを容認していたなどの事情が存するときは、信義則上、責任限度額を超えて運送人に対して損害の賠償を求めることは許されないと解するのが相当である。

…上告人の被上告人に対する損害賠償の請求は、一個の荷物の紛失を理由とする以上、責任限度額である三〇万円の限度において認容すべきものであるとした原審の判断は、是認するに足り、原判決に所論の違法はない。」（＜　＞内は著者加筆）

＊　上記最高裁平成１０年４月３０日判決は、商法上の債務不履行責任に関する責任規定が不法行為責任には及ばないとする判例（大判大2年11月15日民録19輯956頁）に抵触すると指摘されていました。2019年施行改正商法は、商法587条を置きました。

商法第587条（運送人の不法行為責任）＜2019年施行改正商法新設＞
　第五百七十六条、第五百七十七条、第五百八十四条及び五百八十五条の規定は、運送品の滅失等についての運送人の荷送人又は荷受人に対する不法行為による損害賠償の責任について準用する。…(以下略)…

5.　相次運送（通し運送）（商579条・766条・国際海運20条2項）

　運送人（運送会社など）が同一の運送についてリレー方式で運送品を荷受人のところまで運ぶ方法を「通し運送」と呼びます。

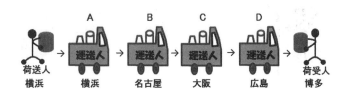

──　商法　第579条（相次運送人の権義務）**──**

1　数人の運送人が相次いで陸上運送をするときは、後の運送人は、前の運送人に代わってその権利を行使する義務を負う。

2　前項の場合において、後の運送人が前の運送人に弁済をしたときは、後の運送人は、前の運送人の権利を取得する。

3　ある運送人が引き受けた陸上運送についてその荷送人のために他の運送人が相次いで当該陸上運送の一部を引き受けたときは、各運送人は、運送品の滅失等につき<u>連帯して</u>損害賠償の責任を負う。　　（波線は著者加筆）

＊　「**相次運送**」は、「**複合運送契約**」（＝運送人が同じあっても、利用する輸送車が複数種類である場合）とは**区別**されます。
　　（複合運送契約の例）トラックと鉄道／航空機と鉄道と貨物船。

　相次運送は、通し運送（下記**(1)～(4)**）の一形態です。

(1) 部分運送 ＝ 数人の運送人（A・B・C・D）が独立して
各区間の運送を引き受ける運送の方法。

```
      横浜 ── 名古屋 ── 大阪 ── 広島 ── 博多
運送人    A           B        C        D
```

(2) 下請運送（下受運送）＝ 運送人Aが全区間の運送を引き受け、全
部又は一部の区間について他の運送人（B・C・D・E）を使用する
運送の方法。

```
      横浜 ── 名古屋 ──── 大阪 ──広島 ── 博多
運送人    A(下請B)    A(下請C)    A(下請D)   A(下請E)
```

(3) 同一運送（共同運送）

```
引受け  A,B,C      A,B,C      A,B,C     A,B,C
      横浜 ── 名古屋 ──── 大阪 ── 広島 ── 博多
運送人    A           B          B        C
```

(4) 相次運送（連帯運送）

　相次運送とは、数人の運送人が次々と各区間ごとに運送を引き
受けるものの、荷送人との間で運送契約を結んだ運送人（A）か
ら、当該運送を引き継ぐ運送人（B、C、D）が**「荷送人のために
する意思をもって」**運送を行う場合であって、損害発生区間の特
定の困難に鑑み、全区間について各運送人が連帯債務を負う運送
の形態であり、**(2)**の下請運送とは異なるものをいいます（大判明

45年2月8日民録18輯93頁）。（中村眞澄「通し運送における運送人の責任」北沢正啓=浜田道代編『ジュリスト増刊 商法の争点Ⅱ』（有斐閣、1993年）249頁を参照。）

```
横浜── 横浜──名古屋── 大阪── 広島 ── 博多
荷送人　運送人A

　　　　　　　運送人　Ｂ　　Ｃ　　　　Ｄ
　　　　　　　Ｂ,Ｃ,Ｄは「荷送人のためにする意思」で
```

◇**Question14.** **相次運送人**は、**運送品の滅失・損傷**についてどのような**責任を負い**ますか**？**

◇**Question15.** **後者の運送人**が**前者の運送人に弁済**するとき、どのようになりますか**？**

6.　旅客運送契約

　旅客運送契約とは、運送人が旅客（人）を運送することを約束し、契約の相手方である旅客がその対価として運送賃を支払うことを約束する**諾成・不要式**（＝意思表示のみで成立、切符の発行不要）の「**請負契約**」です。（例）鉄道、バス、航空機、タクシー等。

　最近、増えてきたMaaS（=Mobility as a Service :「マース」）は、自家用車以外の全ての交通手段による移動がICTでクラウド化され、アプリで検索・利用・決済できるサービスです。

> ── **商法 第589条**（旅客運送契約）
> 　旅客運送契約は、運送人が旅客を運送することを約し、相手方がその結果に対してその運送賃を支払うことを約することによって、その効力を生ずる。　（波線は著者加筆）

◇Question16.　旅客運送契約の契約当事者は誰と誰ですか？
◇Question17.　旅客運送契約は、いつ成立しますか？
◇Question18.　運送に関する注意とは？

・岩石崩落に対する予防設備を施さなかったことによる列車事故
　（大判大9年6月17日民録26輯895頁）
・車内の床に塗布された防腐剤による転倒を免れようとした乗客
　が負傷（東京地判昭和42年3月1日判時483号51頁）

--- 商法　第590条（運送人の責任）---
　運送人は、旅客が運送のために受けた損害を賠償する責任を負う。
ただし、運送人が運送に関し注意を怠らなかったことを証明したときは、
この限りでない。　　　　　（波線は著者加筆）

　運送人は、旅客が運送のために受けた一切の損害を賠償する責
任を負います。但し、旅客の「身体等」に関する侵害を理由とす
る損害のみであり、「延着」による損害額等それ以外のものは民法
の一般原則によります。損害は「直接」「間接」損害を問いません。

◇Question19.　旅客が手荷物を運送人に預けて乗り、その手荷物が降車時に失くなった場合、運送人にはどのような責任が発生しますか？

--- 商法　第592条（引渡しを受けた手荷物に関する責任等）第1項 ---
　運送人は、旅客から引渡しを受けた手荷物については、運送賃を
請求しないときであっても、物品運送契約における運送人と同一の責
任を負う。

◇Question20.　旅客が**手荷物**を取りに来ない場合、**運送人**は**客の手荷物**をどのようにすることができますか**?**

商法第592条3項・6項(引渡しを受けた手荷物に関する運送人の責任等)

3　第一項に規定する手荷物が到達地に到着した日から一週間以内に旅客がその引渡しを請求しないときは、運送人は、その手荷物を供託し、又は相当の期間を定めて催告をした後に競売に付することができる。この場合において、運送人がその手荷物を供託し、又は競売に付したときは、遅滞なく、旅客に対してその旨の通知を発しなければならない。

6　旅客の住所又は居所が知れないときは、第三項の催告及び通知は、することを要しない。

◇Question21.　**飛行機**に**旅客**が**持ち込んだ手荷物**が**機内**で**壊れた**場合、**航空会社**は**責任**を負いますか**?**

商法　第593条(引渡しを受けていない手荷物に関する運送人の責任等)**1項**

運送人は、旅客から引渡しを受けていない手荷物(身の回り品を含む。)の滅失又は損傷については、故意又は過失がある場合を除き、損害賠償の責任を負わない。

＊　海上旅客運送上の義務：食料供給義務〔改正前商778条〕、手荷物無賃運送義務〔改正前商779条〕、死亡旅客の手荷物処分義務〔改正前商785条〕は、*2019年施行商法*上削除されました。

7. 国際旅客運送契約

◇Question22. 旅客の死亡・負傷その他の身体傷害について、運送人は、どのような場合に責任を負いますか?

ワルソー条約第17条(旅客の死亡及び身体の傷害並びに手荷物の損害)第1項

　運送人は、旅客の死亡又は身体の傷害の場合における損害については、その死亡又は傷害の原因となった事故が航空機上で生じ又は乗降のための作業中に生じたものであることのみを条件として、責任を負う。

8. Let's try !

問1 運送営業に関する次の1から5までの各記述のうち、正しいものはどれか。

1. 湖上を航行する遊覧船の事業者が顧客と締結する契約には、商法第2編第8章に定める運送営業に関する規定は、適用されない。
2. 判例によれば、運送人は、運送品の全部が運送人の過失により滅失した場合には、荷送人又は荷受人に損害が全く生じなかったとしても、引渡しがあるべき日における到達地の価格によって定まる額の賠償責任を負う。
3. 判例によれば、宅配便の運送約款で運送人の荷受人に対する責任の限度額を定めたときは、当該定めは、運送人の荷受人に対する債務不履行に基づく責任には適用されるが、運送人の荷受人に対する不法行為に基づく責任には適用されない。

4. 判例によれば，高価品の運送を委託した荷送人は，当該高価品の種類及び価額を通知しなかったとしても，当該高価品が，容積重量とも相当巨大であって，高価であることが一見明瞭な品種である場合には，その滅失につき運送人に対し損害賠償を請求することができる。

5. 旅客運送人は，旅客から無償で預かった手荷物が旅客運送人の従業員の過失によって毀損したとしても，当該従業員に対する監督を怠っていなければ，損害賠償の責任を負わない。

問2. 陸上における物品の運送契約に関する次のアからオまでの各記述のうち，正しいものを組み合わせたものは，後記1から5までのうちどれか。なお，各記述に係る事項について運送契約上別段の定めはなく，また，運送契約に関して貨物引換証は発行されていないものとする。

ア. 運送品の滅失，損傷又は延着の場合における運送契約の債務不履行に基づく運送人の損害賠償責任の消滅時効期間は，運送人に悪意があるときを除き，1年である。

イ. 高価品について運送契約が締結される際に，高価品の種類及び価額の通知がされなかった場合には，運送契約の債務不履行による損害賠償の額は，運送品が高価品でなかったとしたときに生ずるであろう損害の額が上限となる。

ウ. 運送人に対して運送契約によって生ずる権利を有するのは荷送人であって，荷受人が運送契約によって生ずる権利を取得することはない。

エ. 判例によれば，運送人の故意又は過失により運送品が滅失し，

荷送人に損害が生じた場合には，荷送人は，運送人に対し，運送契約に基づく債務不履行責任のみを追及することができ，不法行為責任を追及することはできない。

オ. 運送人の過失（重大な過失を除く。）によって運送品の全部が滅失した場合には，運送契約の債務不履行による損害賠償の額は，運送品の引渡しがあるべき日における到達地での運送品の価格によって定まる。

1. アイ　2. アオ　3. イウ　4. ウエ　5. エオ

〜 ◇Question の ヒント 又は 答え 〜

◇Question 1. 荷送人と運送人。**2.** 運送品が到達地に達して（商581条1項）〔≒改正前商583条1項〕荷受人が引渡請求した後（商581条2項）〔≒改正前商582条2項〕。**3.** 不能であり、損害賠償責任が発生します。**4.** 自己及び履行補助者の無過失を証明しなければなりません（大判昭和5年9月13日新聞3182号14頁）。**5.** 悪意・重過失が認められる場合として、特別損害も含めて一切の損害を賠償することになります（商576条3項）〔≒改正前商581条〕（最判昭和55年3月25日判時967号61頁〈百選76事件〉）。**6.** 請求権者が負います（大判大8年3月21日民録25輯489頁）。**7.** ヒマラヤ条項のような規定がある場合は援用可能です。**8.** 運送人の使用人・履行補助者に対して運送人が有する抗弁権の援用を認める条項（国際海運16条3項・4項を、2018年改正商法588条も採用しました）。**9.** 運送契約の成立条件ではありません。**10.** 供託・競売できます（商582条1項〜3項）〔≒改正前商585条1項・2項〕。**11.** 貨幣、有価証券をはじめ容積・重量と比べて著しく高価な物品をいいます（最判昭和45年4月21日判時593号87頁〈百選75事件〉）。1kg当たり2万円を超える品が該当します（平成15年国土交通省告示9条1項3号）。**12.** 運

226

送契約の成立時まで。**13.** 請求権競合説によると双方の請求権が両立しますが、法条競合説に立つと債務不履行責任が不法行為責任の適用を排除します。**14.** 連帯責任を負います（商579条3項）。**15.** 前者の運送人の権利を取得します（商579条2項）〔=改正前商589条・563条2項〕。**16.** 旅客と運送人。**17.** 原則として乗車券購入のとき（但し、回数券を除く。大判昭和14年2月1日民集18輯77頁）、乗車してから購入する場合は乗車のとき。**18.** 運送行為に関するものと運送設備に関するものの両方。**19.** 物品の運送人と同様の損害賠償責任を負います（商592条1項）〔≒改正前商591条1項〕。**20.** 1週間以内に旅客から引渡請求がなければ、運送人は、荷物を供託・競売できます（商592条3項）〔≒改正前商591条2項〕。**21.** 運送人側に過失がなければ損害賠償責任を負いません（商593条1項）〔=改正前商592条〕。**22.**「運送人は、旅客の死亡又は身体の傷害の場合における損害については、その死亡又は傷害の原因となった事故が航空機上で生じ又は乗降のための作業中に生じたものであることのみを条件として、責任を負う」（ワルソー条約17条）ことになります。

＃ Let's try！ の 解答 ＃

問1　正解　4　（2010年 新司法試験 短答式試験問題集〔民事系科目〕〔第53問〕）。（2018年改正商法の条文（商577条）〔=改正前商578条〕に合わせて4の「明告」を「通知」に著者改変。）

問2　正解　2　（平成25年（2013年）新司法試験 短答式試験問題集〔民事系科目〔第53問〕〕）（2018年改正商法に合わせてアの「毀損」を「損傷」に、イの「明告」を「通知」に（商577条）〔=改正前商578条〕著者改変。）

★☆★　第18章の主要参考文献　★☆★　　（著者　アイウエオ順）

上柳克郎＝北沢正啓＝鴻常夫編『商法総則・商行為法』（有斐閣双書,新版,1998年）227頁-247頁,261頁-275頁、江頭憲治郎＝山下友信編『別冊ジュリスト商法（総則・商行為）判例百選』（有斐閣,第5版,2008年）95事件〔宍戸善一〕・96事件〔神田秀樹〕・98事件〔石田清彦〕・99事件〔落合誠一〕192頁-195頁,198頁-201頁、落合誠一＝大塚龍児＝山下友信著『商法Ⅰ-総則・商行為』（有斐閣,第6版,2019年）221頁-248頁、神作裕之＝藤田友敬編『別冊ジュリスト商法判例百選』（有斐閣,第6版,2019年）74事件〔宍戸善一〕・75〔石田清彦〕・76事件〔田中亘〕・77事件〔笹岡愛美〕150頁-157頁、岸田雅雄著『ゼミナール商法総則・商行為法入門』（日本経済新聞社,2003年）225頁-273頁、国土交通政策研究所長・露木伸宏「MaaS（モビリティ・アズ・ア・サービス）について」国土交通政策研究所報第69号2018年夏季2頁-7頁、近藤光男著『商法総則・商行為法』（有斐閣,第8版,2019年）195頁-235頁、商事法務編『タクティクスアドバンス2011商法』（商事法務,2011年）74頁-75頁、拙著『はじめての商法（総則・商行為）講義ノート』（関東学院大学出版会、2012年）第15章97頁-106頁、戸田修三「高価品に関する運送人の責任」北沢正啓＝浜田道代編『ジュリスト増刊　商法の争点Ⅱ』（有斐閣,1993年）246頁-247頁、中村眞澄「通し運送における運送人の責任」北沢正啓＝浜田道代編『ジュリスト増刊　商法の争点Ⅱ』（有斐閣,1993年）248頁-249頁、法学セミナー編集部代表編『新司法試験の問題と解説』（日本評論社,2010年）177頁,225頁、法務省・平成22年新司法試験　短答式試験問題集〔民事系科目〕http://www.moj.go.jp/content/000046902.pdf,正解及び配点,http://www.moj.go.jp/content/000048299.pdf、法務省・平成25年新司法試験　短答式試験問題集〔民事系科目〕http://www.moj.go.jp/content/000111055.pdf,民事系科目の正解及び配点http://www.moj.go.jp/content/000111536.pdf、法務省民事局「商法及び国際海上物品運送法の一部を改正する法律案新旧対照条文」http://www.moj.go.jp/content/001261326.pdf、弥永真生著『リーガルマインド商法総則・商行為法』（有斐閣,第2版補訂版,2007年）129頁-145頁,151頁-153頁。

第19章　場屋営業

本章では、映画館や遊園地、レストランおよびホテルなど、人が大勢集まる施設の営業主が、大衆が集まることから負う通常に比べて重い責任（レセプツム責任）がどのようなものであるかについて学びます。

目　次

1. 場屋営業とは？（商595条〜598条）　〜　寄託　〜

<以下、下線部分は、条数変更箇所を示します。>

「場屋営業」とは、公衆が来集するのに適した物的・人的設備を配置してその施設を利用させることを目的とする営業（商502条7号）です。

（例）映画館、劇場、水族館、球場、遊園地、浴場、旅館（ホテル）、飲食店（レストラン）。

◇**Question1.　理容業は、場屋営業に当たりますか？**

2. 商人の寄託に関する責任

寄託契約　：　**受寄者が寄託者のために物品を保管することを**

約してこれを**受け取る**ことによって**成立**します。

＜**要物契約**（多数説）＞

┌─ **民法　第657条**（寄託）─────────────
　寄託は、当事者の一方が相手方のために<u>保管をすることを約してある物を受け取る</u>ことによって、その効力を生ずる。（波線は著者加筆）
└────────────────────────────

◇**Question2.**　「**保管**」とは**?**

＜**受寄者の注意義務**＞

　　～ 無償の場合（第12章 商行為の通則（2）も参照）

商法第595条	民法659条(但し、「特定物」は善管注意義務（民400条）)
善管注意義務	自己の財産に対するのと同一の注意義務

┌─ **商法　第595条**（受寄者の注意義務）─────────
　商人が<u>その営業の範囲内において寄託を受けた場合</u>には、報酬を受けないときであっても、善良な管理者の注意をもって、寄託物を保管しなければならない。　　（波線は著者加筆）
└────────────────────────────

┌─ **民法　第659条**（無報酬の受寄者の注意義務）─────
　<u>無報酬の受寄者</u>は、自己の財産に対するのと同一の注意をもって、寄託物を保管する義務を負う。　（下線は著者加筆）
└────────────────────────────

3. 場屋営業者の責任 ～ レセプツム(Receptum)責任 ～

　　場屋営業においては、多くの**客**が**集**まるため、来集客の携行品の滅失・毀損について、特別の規制をしています（ローマ法時代の「**レセプツム責任**」を受け継いだものです）。

(1) 場屋営業者に対する物品の寄託 (= 附属的商行為)

(例) 銭湯の番台、ホテルのフロント

場屋営業者は、単なる無過失の立証だけでは免責されず、以下のとおり「**不可抗力**」を**立証**しなければならない、極めて重い責任を課されます(**商596条1項**)。

＊ 2019年施行改正商法は、条文の文言を(改正前)「場屋ノ主人」 → (改正後)「**場屋営業者**」、(改正前)「毀損」 → (改正後)「**損傷**」に改めました。

商法 第596条第1項 (場屋営業者の責任)

旅館、飲食店、浴場その他の客の来集を目的とする場屋における取引をすることを業とする者(以下この節において「場屋営業者」という。)は、客から寄託を受けた物品の滅失又は損傷については、**不可抗力**によるものであったことを**証明**しなければ、損害賠償の責任を免れることができない。

◇**Question3.** 場屋営業者は、誰に対して**責任**を負いますか？
◇**Question4.** 商法第596条第1項の「**不可抗力**」はどのようなものですか？(以下の学説を参考に考えてみましょう。)

(ア) 主観説 (相対説) : 事業の性質に合った最大の注意を払っても避けられない事象。

(イ) 客観説 (絶対説) : 外部から発生した出来事で、通常、発生の予期が不可能なもの。

(ウ) 折衷説 : 外部から発生した事象で、通常必要な予防手段を講じても防止が不可能な危害。

(上記の学説の分類については、岸田雅雄著『ゼミナール商法総則・商行為法入門』(日本経済新聞社、2003年) 300頁、黒沼悦郎稿「商法五九四条の『不可抗力』の意義」北沢正啓＝

浜田道代編『ジュリスト増刊商法の争点II』(有斐閣、1993年) 254頁-255頁を参照。)

(2)　来集客の携行品に対する責任

— 商法　第596条第2項(場屋営業者の責任) —
　客が寄託していない物品であっても、場屋の中に携帯した物品が、場屋営業者が注意を怠ったことによって滅失し、又は損傷したときは、場屋営業者は、損害賠償の責任を負う。

　場屋営業の性質に基づく特別の法定責任であるため、客の携帯品の寄託が無い場合でも場屋営業者が責任を負います。

◇**Question5.**　**コンビニエンスストアAの前の白線を引いた駐車場に客が置いた車が盗難にあった場合、コンビニエンスストアAの店主Bは、車の所持人である客Cに対して損害賠償責任を負いますか?**

◇**Question6.**　**場屋営業者の責任を特約によって免除・軽減することはできますか?**

— 商法　第596条第3項(場屋営業者の責任) —
　客が場屋の中に携帯した物品につき責任を負わない旨を表示したときであっても、場屋営業者は、前二項の責任を免れることができない。

(3)　高価品の特則

ホテルのクローク

中に貴重品は入っていませんか?

入っていません。

客

◇Question7. 上記の場合、**客**は、客の**預けたコートのポケット**に入っていた **30 万円**の**真珠の指輪**が**失くなった責任**を後で**ホテルに追及**することが**できますか？**

― 商法 第597条（高価品の特則）―

　貨幣、有価証券その他の高価品については、客がその種類及び価額を通知＜改正前は、「明告」＞してこれを場屋営業者に寄託した場合を除き、場屋営業者は、その減失又は損傷＜改正前は、「毀損」＞によって生じた損害を賠償する責任を負わない。（＜　　＞内は著者加筆）

（4）　短期消滅時効（1年）　↔　改正前商法 522 条＜削除＞

― 商法 第598条（場屋営業者の責任に係る債権の消滅時効）―

1　前二条の場屋営業者の責任に係る債権は、場屋営業者が寄託を受けた物品を返還し、又は客が場屋の中に携帯した物品を持ち去った時（物品の全部減失の場合にあっては、客が場屋を去った時）から一年間行使しないときは、時効によって消滅する。

2　前項の規定は、場屋営業者が同項に規定する物品の減失又は損傷につき悪意であった場合には、適用しない。

☞　次の裁判例について考えてみましょう。

（参考）大阪地方裁判所昭和25年2月10日判決下民集1巻2号172頁

（判旨） 請求一部認容。

「原告は…浴場男子南側脱衣箱…に、当時着用した衣類及び携帯品…を入れて入浴したところ、入浴中に何者にか右衣類等十一点全部竊取された。凡そ湯屋業を営むものは、入浴客が浴場の脱衣箱に衣類を収納したときは、社会通念上当然受寄者としての保管の責任がある……

原告は着用して行つた衣類携帯品…を單に被告方浴場の脱衣箱に入れて入浴したところ、入浴中何者かに右物件全部を竊取された事実を認めることが出来る。然らば原告は被告経営の浴場内で特に被告に寄託しないものを盗難に依り失つたと謂うことが出来る。而してかかる場合、浴場の主人である被告は自身又は其の使用人の不注意に因り滅失したと認められる場合は、浴場の主人である被告は損害賠償の責任があることは、商法第五百九十四條第二項の規定するところであるから、原告の被つた右盗難が被告又はその使用人の不注意に因るや否やに付判断するに、…番台に居るものは金銭の授受及男女双方の脱衣場の客の動勢の看視を為すことを職務とすることは公知の事実であり、浴客の閑散時に於ては一人にて足る場合もあるが、前記認定の如く異状な混雑状態の際には金銭の授受のみにても相当多忙を極め、客の動勢の看視迄充分なし得ないことは容易に推知することが出来る。右のような混雑時に於ては、宜しく被告は使用人全部を動員し、客の携帯品等の盗難防止に全力を挙ぐべきである。かかる挙に出でずに、一時的であるとは云え男子脱衣場の看視の者を配置せず番台に座る一人のみに任せたのは、被告に於て注意義務を怠つたと云うべく、又番台に居た〇〇が、…多量にして嵩ばるものの竊取行為を発見しなかつたのは、同人の不注意に帰因すると謂うべきである。被告は終戦後の道義地に堕ち強窃盗等の犯罪日を追つて激増し治安全く紊れた最悪環境の下に行われた本事件は、不可抗力であると主張するが、前記事情の下に行われたのであるから右のような最悪環境下の社会情勢自体が不可抗力であると謂うことは出来ない。然らば被告は〔改正前〕商法第五百九十四條第二項〔現行商法596条2項〕の規定に依り、原告の被つた損害を賠償する義務がある。」(〇〇及び〔　　〕内は著者加筆)

◇**Question8.** **上記の事件**で、**裁判所は、被告の責任**についてどのような**判断**を行っていますか？ **被告は、どうすれば責任を免れる**ことができますか？

4. 占有移転の方法

次に、民法の規定する占有移転の方法を確認します。

* 占有権： 自己のためにする意思で物を所持すること。占有権の基礎となる事実状態。

--- **民法 第180条（占有権の取得）** ---

占有権は、自己のためにする意思をもって物を所持することによって取得する。

* 本 権：占有を正当づける実質的な権利

(例) 所有権・地上権・質権・賃借権 等。

＜占有移転の方法＞ 以下の4つがあります。

--- **民法 第182条第1項（現実の引渡し）** ---

占有権の譲渡は、占有物の引渡しによってする。

--- **民法 第182条第2項（簡易の引渡し）** ---

譲受人又はその代理人が現に占有物を所持する場合には、占有権の譲渡は、当事者の意思表示のみによってすることができる。

☞ (例) 賃貸人Aから賃借人Bが賃借物を買ってBが譲受人となったときに、その物をAに一度返還した上で改めてBがAから引渡しを受けるという手間を省くのに用いられます。

民法　第183条（占有改定）

　代理人が自己の占有物を以後本人のために占有する意思を表示したときは、本人は、これによって占有権を取得する。

☞　（例）　BがAに物を売った後、Bがそのままその物を賃借りするとき、一度買主Aに物を引き渡した後でBが改めて借りるという二度手間を省くのに用いられます。

民法　第184条（指図による占有移転）

　代理人によって占有をする場合において、本人がその代理人に対して以後第三者のためにその物を占有することを命じ、その第三者がこれを承諾したときは、その第三者は、占有権を取得する。

☞　（例）　AがB倉庫に預けた品物をCに販売し、引き続きB倉庫に預けておくときに、AがB倉庫に債権者がCに替わったと告げることによって、品物をCに渡してCがB倉庫に預ける手間を省けます。この場合、譲受人Cの同意は必要ですが、代理人B倉庫の同意は不要です。

5. Let's try !

問1　Aが個人旅行を予定しているB（商人ではないものとする。）のために一定の行為を業としてする場合におけるAの商法上の地位に関する次のアからオまでの各記述のうち、正しいものを組み合わせたものは、後記1から5までのうちどれか。

ア．AがBから委託を受けてBの希望に添うレンタカー契約の締結を媒介する場合、Aは、Bの代理商に該当する。

イ．AがBから委託を受けて自己の名でBのためにバス会社との間で旅客運送契約を締結する場合，Aは，いわゆる準問屋に該当する。

ウ．AがBから委託を受けてBのために宿泊契約の締結を媒介する場合において，Aが宿泊契約の相手方であるホテル会社からその媒介の委託を受けていないときは，Aは，仲立人に該当しない。

エ．AがBから委託を受けてBのためにゴルフバッグを運送する宅配便をあっせんし，Bと運送会社との間で物品運送契約が締結された場合，Aは，運送取扱人に該当する。

オ．Aが店舗の半分のスペースで旅行の手配に係る業務を営み，残りの半分のスペースで喫茶店を営んでいる場合において，旅程の相談を終えたBに対しその喫茶店で飲食物を有料で提供するときは，Aは，場屋の主人に該当する。

1．アエ　2．アオ　3．イウ　4．イオ　5．ウエ

問2　場屋の主人（場屋営業者）の責任に関する次の1から5までの各記述のうち，誤っているものを2個選びなさい。

1．客の携帯品について損害賠償の責任を負わない旨を告示したとしても，その責任を免れることができない。

2．客から寄託を受けた物品の全部滅失の場合の責任は，客が場屋を去った時から1年を経過したとき，時効によって消滅する。

3．その営業の範囲内において無報酬で寄託を受けたときは，自己の財産に対するのと同一の注意をもって，寄託物を保管する

義務を負う。

4. 客から寄託を受けた物品を滅失したときは，自己又はその使用人に過失がないことを証明することにより，その責任を免れることができる。

5. 高価品については，客がその種類及び価額を通知して寄託したのでなければ，その物品の滅失によって生じた損害を賠償する責任を負わない。

〜 ◇Question の ヒント 又は 答え 〜

◇**Question 1.** 当たりません。商人のためにする加工（大判昭和12年11月26日民録16巻1681頁）。なお，通説は，場屋営業に該当すると考えています。**2.** 寄託物を受寄者が自己の支配下に置き，滅失・毀損を防ぎ，現状を維持することであり，単なる保管場所の提供に過ぎない場合は該当しません。**3.** 場屋の設備の利用者に対して。利用契約の成立の有無を問いません。**4.** (a)外部からであり，かつ(b)通常必要な防止手段を講じているにもかかわらず防止できなかった危害（東京高判昭和30年10月31日下民集6巻10号2311頁）。**5.** BはCに対して損害賠償責任を負わないと考えられます。単に場所を提供しているだけで，受寄物である車の「保管」をしているとは言えないからです。**6.** 公序良俗に反しない限り，特約によって免除・軽減することができます。しかし，場屋内の一方的な告示だけでは不十分です（商596条3項）。**7.** できません。「明告」が必要ですが，ホテル側の問いかけに対して「ありません」と回答していることが問題となります（商597条（高価品の特則））。しかし，ホテル側が真珠の指輪が入っていることを知っていたときは商法597条の責任を負うと解するのが多数説です。また，場屋営業者・その使用人が故意に滅失・損傷（＝（改正前の）毀損）した場合も同様です。**8.** 大阪地判昭和25年2月11日判決をもとに考えてみましょう。

＃ Let's try！ の解答 ＃

問1　正解 4　　　　（平成23年（2011年）新司法試験 短答式問題集
　　　　　　　　　　　〔民事系科目〕〔第52問〕）

問2　正解 3と4　　（2009年新司法試験 短答式問題集〔民事系科目〕
　　　　　　　　　　　〔第53問〕）（2018年改正商法597条〔改正前商595
　　　　　　　　　　　条〕に合わせて5.「明告」を「通知」に著者が改変。）

＊★☆ 第19章の主要参考文献 ＊☆★　　（著者 アイウエオ順）

上柳克郎＝北沢正啓＝鴻常夫編『商法総則・商行為法』（有斐閣双書,新版,1998年）277頁-287頁、落合誠一＝大塚龍児＝山下友信著『商法Ⅰ総則商行為』（有斐閣,第6版,2019年）271頁-274頁、岸田雅雄著『ゼミナール商法総則・商行為法入門』（日本経済新聞社,2003年）298頁-303頁、黒沼悦郎稿「商法五九四条の『不可抗力』の意義」北沢正啓＝浜田道代編『ジュリスト増刊商法の争点Ⅱ』（有斐閣,1993年）254頁-255頁、近藤光男著『商法総則・商行為法』（有斐閣,第8版,2019年）236頁-241頁、商事法務編『タクティクスアドバンス2011 商法』（商事法務,2011年）72頁-73頁、同『ジュリスト平成16年度重要判例解説』（有斐閣,1291号,2005年）商法2事件102頁-103頁、拙著『はじめての商法（総則・商行為）講義ノート』（関東学院大学出版会,2012年）114頁-118頁、竹内昭夫＝松尾浩也＝塩野宏編『新法律学辞典』（有斐閣,第3版,1989年）184頁,869頁-870頁、法学セミナー編集部代表編『新司法試験の問題と解説』（日本評論社,2009年）頁196頁-197頁,242頁、法務省・平成23年新司法試験・短答式試験問題集〔民事系科目〕http://www.moj.go.jp/content/000073970.pdf,民事系科目の正解及び配点. http://www.moj.go.jp/content/000074977.pdf、法務省・平成21年新司法試験 短答式試験問題集〔民事系科目〕http://www. moj. go. jp/content/000006452.pdf、正解及び配点.http://www.moj.go.jp/content/000006476. pdf、法務省民事局「商法及び国際海上物品運送法の一部を改正する法律案新旧対照条文」http://www.moj.go.jp/content/001261326.pdf 弥永真生著『リーガルマインド商法総則・商行為法』（有斐閣,第2版補訂版,2007年）163頁-170頁。

第20章　倉庫営業

　　本章では、家の中の荷物が増えてきた場合、自宅の改装をする場合、又は港湾で船から降ろした荷物を預ける場合などに用いられるのが倉庫です。最近ではトランクルームの利用も増えてきました。本章では、倉庫営業について学びます。

目　次

1. **定義**(商599条～)　<以下、条文の下線は、条数変更を示します。>

　　倉庫営業は、他人から寄託を受けた物品を倉庫に保管する営業です(商599条、倉庫2条2項)。

─ **商法 第599条**
　この節において、「倉庫営業者」とは、他人のために物品を倉庫に保管することを業とする者をいう。　(波線は筆者加筆)

　2019年4月1日施行改正商法は、「倉庫業者」の表記を「**倉庫営業者**」に改めました(商599条)。

　倉庫業法上の定義も確認しておきましょう。

倉庫業法 第2条(定義)第2項

　この法律で「倉庫業」とは、寄託を受けた物品の倉庫における保管（保護預りその他の営業に付随して行われる保管又は携帯品の一時預りその他の比較的短期間に限り行われる保管であつて、保管する物品の種類、保管の態様、保管期間等からみて第六条第一項第四号の基準に適合する施設又は設備を有する倉庫において行うことが必要でないと認められるものとして政令で定めるものを除く。）を行う営業をいう。

---

2. 倉庫とは？

　倉庫の性質について規定する倉庫業法を見てみましょう。

倉庫業法 第2条(定義)第1項

　この法律で「倉庫」とは、物品の減失若しくは損傷を防止するための工作物又は物品の減失若しくは損傷を防止するための工作を施した土地若しくは水面であつて、物品の保管の用に供するものをいう。

---

(1) 倉庫の種類

　倉庫は、**普通・冷蔵・水面**倉庫に大きく分類されます。

普通・冷蔵倉庫　　　（野積倉庫も）　　　水面倉庫

そのほか、倉庫には次の通り「**トランクルーム**」も含まれます（倉庫2条3項）。

倉庫業法 第2条（定義）第3項

　この法律で「トランクルーム」とは、その全部又は一部を寄託を受けた個人（事業として又は事業のために寄託契約の当事者となる場合におけるものを除く。以下「消費者」という。）の物品の保管の用に供する倉庫をいう。

（2）登録

　倉庫営業を営もうとする者は、国土交通大臣の行う「登録」を受けなければなりません（倉庫3条）。

倉庫業法 第3条（登録）

　倉庫業を営もうとする者は、国土交通大臣の行う登録を受けなければならない。

（3）届出

　倉庫業者は、「倉庫寄託約款」を実施する前に国土交通大臣に届け出なければならず、届出は、約款の変更を行うときも同様に必要です（倉庫8条）。

倉庫業法 第8条（倉庫寄託約款）

　倉庫業者は、倉庫寄託約款を定め、その実施前に、国土交通大臣に届け出なければならない。これを変更しようとするときも同様とする。

---

3. 倉庫契約 ～ 寄託契約（民657条）の一種 ～

次に、倉庫業者との間で寄託者（= 物品を預ける人）が締結する
倉庫契約について、対立する2つの学説の違いを見てみましょう。

＜物品引渡請求権の根拠＞

── 諾成契約説(有力説) ──	要物契約説(伝統的学説) ──
保管の合意 ─ 物品の引渡し	保管の合意 ── 物品の引渡し
⇩	⇩　　　　　　⇩
寄託契約の成立	予約　　　　寄託契約の成立

4. 倉庫営業者の義務・責任

倉庫営業者が寄託者に対して負う義務及び責任を確認しま
す。

① **保管義務**(商599条)：特約がない場合、原則、最短6か
月間保管する義務を負います（商612条）。

② **「倉荷証券」交付義務**(商600条)

「倉荷証券」の法的性質については、次章「第22章有価
証券」のところで検討します。

③ **点検・見本の提供に応じる義務**（商609条）

④ **倉荷証券所持人からの寄託物の一部返還請求に応じる義
務**（商614条）

⑤ **損害賠償責任**（商610条）

倉庫営業者は、次の通り、運送営業者と同様の損害
賠償責任を負います。

```
─ 商法　第610条（倉庫営業者の責任）─────────────
　倉庫営業者は、受寄物の保管に関し注意を怠らなかったことを証明
しなければ、その滅失又は損傷＜＝改正前の「毀損」＞につき損害賠償
　の責任を免れることができない。　（＜　＞内は著者加筆）
```

> ☞　ただし、（運送営業者の場合と異なり）損害賠償額の
> 　　制限規定（商法第 576 条（≒改正前商580条））が無く、
> 　　民法の一般原則」（民416条）に拠ることになります。

⑥　料金掲示義務（倉庫9条）：倉庫営業者は、保管料その他
　　の利用料金を利用者に見やすいように掲示しておかな
　　ければなりません。掲示されていない場合にはきちんと
　　示してもらいましょう。

```
─ 倉庫業法　第9条（料金等の掲示）─────────────
　倉庫業者は、国土交通省令で定めるところにより、保管料その他の
料金(消費者から収受するものに限る。)、倉庫寄託約款、倉庫の種類
その他の事項を営業所その他の事業所において利用者に見やすいよ
うに掲示しておかなければならない。
```

5.　倉庫営業者の権利

　倉庫営業者が寄託者に対して有する権利を次に見ていきます。

①　保管料等請求権（商512条・611条）

┌─ **商法 第611条**（保管料等の支払時期）─────────┐
　倉庫業者は、国土交通省令で定めるところにより、保管料その他の料金（消費者から収受するものに限る。）、倉庫寄託約款、倉庫の種類その他の事項を営業所その他の事業所において利用者に見やすいように掲示しておかなければならない。
└──────────────────────────────────┘

② **留置権**（民295条、商521条）・**動産の先取特権**（民321条）・〈削除〉競売代金の優先弁済受領権〔改正前商611条〕）

③ **供託・競売権**（商615条→商524条1項・2項）

　　　↔ 民法第497条 と異なり 「裁判所の許可」 が不要。

　　　寄託者または倉荷証券所持人が寄託物の受領を拒否又は受領不能な場合には、売主の供託・競売権の規定（商524条1項・2項）が準用されます。

6. 荷渡指図書

　商法上の規定は無いものの実務で広く使用されている「荷渡指図書」の性質について、裁判例をみて確認しておきましょう。

☞「荷渡指図書」とは？

（参考1）東京高裁昭和54年11月27日民集36巻8号1557頁

「倉庫寄託契約において…利用される**荷渡指図書**…は、寄託者から寄託物の保管人に対し荷渡先を指定し、その者に寄託物を引渡すことを依頼する旨記載した証書であって、その所持人は…受寄者に対し債権的立場に立つわけのものではなく、受寄者が右証書と引換に寄託物を引渡したときには、受寄者として**免責**される**効力**を有するが、それ以上の効力を有するものではない」

☞「荷渡指図書」による寄託者名義変更（「指図による占有移転」）

（参考）最高裁昭和57年9月7日民集36巻8号1527頁、裁時846号1頁

「冷蔵倉庫業者は、寄託者である売主が発行する正副二通の荷渡指図書のうち一通の呈示若しくは送付を受けると、寄託者の意思を確認する措置を講じたうえ、寄託者台帳上の寄託者名義を右荷渡指図書記載の被指図人に変更する手続をとり、売買当事者間においては、右名義変更によつて目的物の引渡が完了したものとして処理することが広く行われていた、というのである。…右事実関係のもとにおいて…右寄託者台帳上の寄託者名義の変更により…占有代理人を○○とする指図による占有移転を受けることによつて民法一九二条にいう占有を取得したものであるとした原審の判断は、正当として是認することができる。」（○○は著者改変）

（原審（東京高裁昭和54年11月27日民集36巻8号1557頁）の判断）

「受寄者に対し被指図人に寄託者名義の変更を依頼する趣旨の一通を交付する取扱が行われていたと見られる前叙事実関係に徴すると、…被控訴人は、…**指図による占有移転**を受けたものというべきである。…右**指図による占有移転**によって、**民法第一九二条**にいう『**占有**』を取得したことに該当するか、…は、占有改定の場合とは異なり、寄託者台帳上の**寄託者名義の変更**という一定の書面上の処理を伴い**客観的に認識**することが**可能**であって、善意の第三者の利益を犠牲にして取引の安全を害することのない…から、…被控訴人は、…民法の右規定に該当する『**占有**』を**取得**したものというべきである。」

*　次回は、有価証券について学習します。いよいよ残すところあとわずかとなりました。あと一歩、頑張りましょう！

＊☆＊　第21章の主要参考文献　＊☆＊　　（著者　アイウエオ順）

上柳克郎＝北沢正啓＝鴻常夫『商法総則・商行為法』（有斐閣双書,新版,1998年）281頁-300頁、宇賀克也＝中里実＝佐伯仁志編『六法全書Ⅱ』（有斐閣、平成31年度版）、江頭憲治郎＝山下友信編『別冊ジュリスト　商法（総則・商行為）判例百選』（有斐閣,第5版,2008年）106事件〔武知政芳〕214頁-215頁、落合誠一＝大塚龍児＝山下友信著『商法Ⅰ総則商行為』（有斐閣,第6版,2019年）261頁-270頁、同『商法Ⅰ総則商行為』（有斐閣,第4版,2009年）241頁-251頁、岸田雅雄著『ゼミナール商法総則・商行為法入門』（日本経済新聞社,2003年）280頁-287頁、近藤光男著『商法総則・商行為法』（有斐閣,第8版,2019年）242頁-254頁、同『商法総則・商行為法』（有斐閣,第5版補訂版,2008年）242頁-261頁、菅野和夫＝江頭憲治郎＝小早川光郎＝西田典之編『六法全書　平成23年版』（有斐閣,2011年）、拙著『はじめての商法（総則・商行為）講義ノート』（関東学院大学出版会、2012年）119頁-122頁、法務省民事局「商法及び国際海上物品運送法の一部を改正する法律案新旧対照条文」http://www.moj.go.jp/content/001261326.pdf、弥永真生著『リーガルマインド商法総則・商行為法』（有斐閣,第2版補訂版,2007年）153頁-162頁。

第21章 有価証券 ～貨物引換証、倉荷証券、船荷証券

　本章では、運送営業や倉庫営業において発行される「貨物引換証」「倉荷証券」「船荷証券」等の「有価証券」が有する法的性質（非設権証券性、要式証券性、指図証券性、記名証券性、受戻証券性、文言証券性、処分証券性、引渡証券性）および物権的効力の特色を学びます。

目　次

1. 貨物引換証とは？

　「**貨物引換証**」（かぶつひきかえしょう）は、第18章で見た通り、運送人が荷送人の請求に応じて発行する「**運送証券**」（＝ 運送品の引渡請求権を表章する証券）という「**有価証券**」です。我が国では使用頻度の低さ（限られた地域の限られた商品（北海道の雑穀など））を理由に2019年施行改正商法が「**貨物引換証**」の全規定を**廃止**しました（若干の異論は寄せられました。判例理論は生きています）。

　「**貨物引換証**」は、「**船荷証券**」制度を陸上運送に**応用**したもので、これらは、運送品の受け取りを認証するとともに、運送品を到達地に運送して証券の正当な所持人に引き渡すことを約束した「**有価証券**」です。隔地者間における商品の売買を容易で確実にする

ため、為替手形と結合した「**荷為替**」の形で利用されていました。

◇Question 1. 有価証券とは?

2. 船荷証券とは?

「船荷証券」は、海上運送において、船積み運送品の**荷送人又は傭船者**（= 船の賃借人）からの**請求**により、運送人又は船長が船積みがあったことを記載して交付する証券です（**商757条**）。運送品の船積み前に交付する「**受取**船荷証券」と運送品の船積み後に遅滞なく交付する「**船積**船荷証券」の2つに分かれます（商757条1項）。

商757条1項（船荷証券の交付義務）

　運送人又は船長は、荷送人又は傭船者の請求により、運送品の船積み後遅滞なく、船積みがあった旨を記載した船荷証券（<u>以下この節において「船積船荷証券」という。</u>）の一通又は数通を交付しなければならない。運送品の船積み前においても、その受取後は、荷送人又は傭船者の請求により、受取があった旨を記載した船荷証券（<u>以下、この節において「受取船荷証券」という。</u>）の一通又は数通を交付しなければならない。　　（下線は著者加筆）

---

3. 倉荷証券とは?
(1) 定義

「**倉荷証券**」とは、寄託者の倉庫営業者に対する**寄託物返還請求権**を単独で表章した有価証券（**商600条**）です。日本の倉庫取引に倉荷証券のみが利用されている現状に鑑み、2019 年 4 月 1 日施行

改正商法は、旧来の「倉庫証券」中の（寄託物返還請求権を一体で表章する）「**預証券**」及び「**質入証券**」〔＜削除＞改正前商598条〕の規定を**削除**して「倉荷証券」（商600条以下）〔≒＜削除＞改正前商627条・628〕の規定だけを残しました。この2019年改正商法施行に伴って倉庫業法からも「倉庫証券」の文言が削除されました。

＜削除＞改正前 倉庫業法第2条（定義）第4項

　この法律で「倉庫証券」とは、預証券及び質入証券又は倉荷証券をいう。

＊ 平成30年（2018年）改正前商法上、「倉庫証券」は、預証券」と「質入証券」の2枚1組一体で「寄託物返還請求権」を表章しているとされ、寄託物の質入れまでの間の「預証券」「質入証券」別譲渡が不可能でした〔＜削除＞改正前商603条2項〕。また、「**預証券**」の規定が（「寄託物返還請求権」を単独で表章する）「**倉荷証券**」に**準用**されていました〔＜削除＞改正前商627条2項〕。

（2）倉庫証券に関する立法例

単券主義	複券主義	併用主義
1枚の証券の発行のみ	2枚の証券をセットで発行	単券主義・複券主義を併用
ドイツ、アメリカ 等	フランス、イタリア 等	
旧商法	明治32年制定商法	明治44年改正商法以降

4. 貨物引換証・倉荷証券・船荷証券の法的性質

(1) 非設権証券性 （＝有因証券性・要因証券性）

「**非設権証券**」とは、**原因関係**である運送契約・倉庫契約上の**権利**が証券に**表章**されている証券を言います。⇔（設権証券）

手形・小切手

＜手形上の権利の時効消滅期間＞

┌─ **手形法 第70条第1項** ─────────────
│ 引受人ニ対スル為替手形上ノ請求権ハ満期ノ日ヨリ三年ヲ以テ時
│ 効ニ罹ル
└────────────────────────────

◇**Question2.** **手形の権利の消滅時効期間**については、**手形法上**に**規定**（第70条）があります。これに対して、**貨物引換証上の権利**については、このような**時効期間の定めがありません**。それは**なぜ**だと考えられますか**？**ただし、**運送契約上の権利**については、次の通り**時効期間の定め**があります（商585条 1 項）〔≒＜削除＞改正前商589条準用・566条1項〕）**。**

┌─ **商法 第585条第1項** ─────────────
│ 運送品の減失等についての運送人責任は、運送品の引渡しがさ
│ れた日（運送品の全部減失の場合にあっては、その引渡しがされるべき
│ 日）から一年以内に裁判上の請求がされないときは、消滅する。
└────────────────────────────

(2) 要式証券性 （方式）

「**要式証券**」とは、**記載**すべき**事項**が**法律**（商法、手形法等）

で定められている証券です。

　（例）倉荷証券(商601条)〔≒改正前商627条2項・599条〕、船荷
　　　　証券(商758条1項)、貨物引換証〔＜削除＞改正前商571
　　　　条2項〕。

― 商法第758条第1項(船荷証券の記載事項) ―――

1　船荷証券には、次に掲げる事項(受取船荷証券にあっては、第七号及
　び第八号に掲げる事項を除く。)を記載し、運送人又は船長がこれに署
　名し、又は記名押印しなければならない

　一　運送品の種類

　二　運送品の容積若しくは重量又は包若しくは個品の数及び運送
　　　品の状態

　三　外部から認められる運送品の状態

　四　荷送人又は傭船者の氏名又は名称

　五　荷送人の氏名又は名称

　六　運送人の氏名又は名称

　七　船舶の名称

　八　船積港及び船積みの年月日

　九　陸揚港

　十　運送賃

　十一　数通の船荷証券を作成したときは、その数

　十二　作成地及作成の年月日

◇**Question3.　貨物引換証・倉荷証券・船荷証券**は、**手形**と比べて
　　　　　　厳格な**要式証券**だと言えますか**?**

(3)　指図証券性

　「**指図証券**」とは、証券の**裏書**（＝ 証券の裏面に次の権利者を
記載）によって譲渡・質入れが可能な証券のことです。

　（例）倉荷証券（商606条）〔≒改正前商627条2項、603条〕、船荷
　　　　証券（商762条）〔≒改正前商776条・商574条〕、**貨物引換証**〔＜
　　　　削除＞改正前商574条〕。

┌─ 商法 第606条（倉荷証券の譲渡又は質入れ）─────────
　倉荷証券は、記名式であるときであっても、裏書によって譲渡し、又
は質権の目的とすることができる。ただし、倉荷証券に裏書を禁止する
旨を記載したときは、この限りでない。
└──────────────────────────────

(4)　記名証券性　（⇔ 無記名証券性）

　「**有価証券**」上の**権利者**の**指定方法**の違いによって、「**記名証
券**」「**無記名証券**」「**記名式所持人払証券**」、**(3)**で述べた「**指
図証券**」の4つに区分されます。

　「**記名証券**」とは、「証券上に**特定**の人が**権利者**として**指定さ
れている証券**」です。
　（記名証券の例）貨物引換証・倉荷証券・船荷証券・手形・小
　　　　　　　　　切手のうち「**裏書禁止文句**」（＝次の人に渡す

ことを禁止する文句）が記載されたものです。

一方、「**無記名証券**」とは、「証券上に特定の人が権利者と**して指定されていない証券**」を言います。

（無記名証券の例）商品券・無記名式社債・無記名式小切手

＊　2020年4月施行の「**民法の一部を改正する法律の施行に伴う関係法律の整備等に関する法律**」（平成29年法45）は、改正前商法519条〔有価証券の裏書・善意取得に関して手形法・小切手法の規定を準用する規定〕を削除しました。その代わりに2020年4月施行改正民法（平成29年法59）が新たに「**指図証券**」「**記名式所持人払証券**」「**無記名証券**」の規定を置きました（民520条の2乃至520条の20）。

「**記名式所持人払証券**」は、証券上に「債権者を**指名**する記載がされている証券であって、その**所持人**に**弁済**をすべき旨が**付記**されているものをいう」（**民520条の13**）と定義されました。証券上の**名義人**に加えて**証券所持人**も**権利者**となります。

「**指図証券の譲渡**」には、「**手形法…中裏書の方式に関する規定を準用**」（民520条の3）することとなりました。

(5)　受戻証券性 ～ 債権的効力

「**受戻証券性**」とは、証券と引き換えに物品・寄託物の引渡しを請求しなければならないことです。海上運送人・倉庫営業者は、運送品・寄託物と引換えに「船荷証券」「倉荷証券」を受け取ります。

（例）「倉荷証券」（商613条）〔≒2019年施行改正前商627条2項・620条〕、「船荷証券」（商765条・766条）〔≒2019年施行

改正前商776条・584条〕「**貨物引換証**」〔＜削除＞改正前商584条〕

商法 第613条（倉荷証券が作成された場合における寄託物の返還請求）

倉荷証券が作成されたときは、これと<u>引換え</u>でなければ、寄託物の返還を請求することができない。　（波線は著者加筆）

商法 第764条（運送品の引渡請求）

船荷証券が作成されたときは、これと<u>引換え</u>でなければ、運送品の返還を請求することができない。　（波線は著者加筆）

改正前商法 第584条＜2019年施行改正商法で削除＞

貨物引換証ヲ作リタル場合ニ於テハ之ト<u>引換</u>ニ非サレハ運送品ノ引渡ヲ請求スルコトヲ得ス　（波線は著者加筆）

---

(6) 文言証券性

「**文言証券性**」とは、証券記載内容が実際の内容と違っても、証券に**記載**された**文言通り**に**判断**されることです。

（例）「**倉荷証券**」（商604条）〔≒2019年施行改正前商602条〕、「**船荷証券**」（商760条）〔≒2019年施行改正前商776条・572条〕、「**貨物引換証**」〔＜削除＞改正前商572条〕

* 2019年施行改正前商法は、船荷証券に貨物引換証の規定を準用〔改正前商776条・572条〕していましたが、貨物引換証の規定廃止に伴い、内容を変えずに独自の規定を置きました。

商法第604条（倉荷証券の不実記載）〔≒2019年施行改正前商602条〕

　倉庫営業者は、倉荷証券の記載が事実と異なることをもって善意の所持人に対抗することができない。

商法第760条（船荷証券の不実記載）〔≒2019年施行改正前商776・572条〕

　運送人は、船荷証券の記載が事実と異なることをもって善意の所持人に対抗することができない。

改正前商法　第572条 ＜2019年施行改正商法で削除＞

　貨物引換証ヲ作リタルトキハ運送ニ関スル事項ハ運送人ト所持人トノ間ニ於テハ貨物引換証ノ定ムル所ニ依ル　　　（波線は著者加筆）

☞　「**要因証券性**」（上記（**1**））と「**文言証券性**」（上記（**6**））の**どちらが重視**されるか以下の**事例**で考えてみましょう。

(ア)「空券(から)」の場合

◇Question4.　運送品の**受取りなく発行**された**貨物引換証**の**効力**はどのようになりますか？

（参考）大審院昭和13年12月27日第五民事部判決民集17巻2848頁
　　　＜百選80事件＞

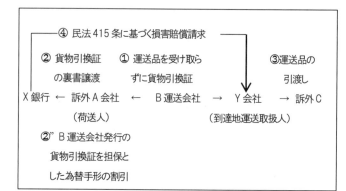

④ 民法 415 条に基づく損害賠償請求

② 貨物引換証　　① 運送品を受け取ら　　　　　　　　③運送品の
　の裏書譲渡　　　ずに貨物引換証　　　　　　　　　　　引渡し
X 銀行　←　訴外 A 会社　←　B 運送会社　→　Y 会社　→　訴外 C
　　　　　　（荷送人）　　　　　　　　　　　（到達地運送取扱人）
②"B 運送会社発行の
　貨物引換証を担保と
　した為替手形の割引

（判旨）上告棄却。

「貨物引換証ハ運送人カ荷送人ト単ニ運送契約ヲ締結シタルノミナラス
該契約ニ基キ荷送人ヨリ運送品ヲ受取リ因テ運送人ニ於テ運送品引
渡ノ債務ヲ負担シタル場合ニ作成セラルヘキモノニシテ未タ運送品ヲ受
取ラサル場合ニ作成セラレタル貨物引換証ハ原因ヲ具備セサルト同時
ニ目的物ノ欠缺セルモノニシテ無効ナルコトハ夙ニ当院ノ判例トスルトコ
ロナリ（当院大正2年（オ）第102号同年7月28日第二民事部判決）而シテ
右運送品ノ授受ハ運送人ニ於テ貨物引換証ヲ作成スル前若クハ遅クト
モ之ト同時ニ之レアルコトヲ要スルハ貨物引換証ハ運送人ノ運送品引渡
義務ヲ表彰スル証券タリ又貨物引換証ノ引渡ハ運送品自体ノ引渡ト同
一ノ効カヲ有スルモノト為ス商法ノ規定上当然生スヘキ帰結ナリト云ハサ
ルヘカラス……果シテ然ラハ本件貨物引換証ハ運送品ノ受領後若ク
ハ之ト同時ニ作成発行サラレタルモノニアラサルヤ論ナク其ノ無効ナル
コト前説示スルトコロニ依リ明白ニシテ発行ノ当時無効ナリシ貨物引換証
カ既ニ第三者ノ手中ニ於テ転輾流通ノ途ニ置カレタル後発行ノ日ヨリ十

日若クハ十数日ヲ経テ運送品ノ運送人ノ手ニ交付セラルルヤ卒然トシ
テ此ノ時ヨリ之ヲ有効トナルモノト…ノ所説ノ如キハ前説示スルトコロノ貨
物引換証ノ本質ニ反スルノミナラス此ノ如キ解釈ノ決シテ所論ノ如ク取
引ノ動的安全ヲ保持スル所以ニアラサルコトモ亦他言ヲ要セスシテ明カ
ナリト云フヘシ」

　　「**空券**」の場合　⇒　運送人の **債務不履行責任 ×（無）**

　　　　　　　　　　　　　（大判大2年7月28日民録19輯668頁）

　　　　　　　　　⇒　運送人の **不法行為責任 ○（有）**

　　　　　　　　　　　　　（大判昭和3年7月1日新聞2891号15頁）

(イ)「**品違い**」の場合　⇒　**文言性を重視**

　　　　　　　　　　　　（大判昭和14年6月30日民集18巻729頁）

◇**Question5.** **倉荷証券上の免責約款の効力**は**有効**ですか？ **倉荷証券の文言性を重視**すると、**品違いの場合に倉庫営業者**に対して**債務不履行責任を追及**できることと**矛盾**します。この点を**どのように解決**すればよいですか？

☞ 「**不知約款**」（内容不知・品質不知・重量不知など）

　（例）「**本貨物ノ内容ニ関シテハ当社其ノ責ヲ負ハズ**」（大判昭和14年6月
　　　30日民集18巻729頁）

（参考）最高裁昭和44年4月15日第三小法廷判決民集23巻4号755
　　　頁＜百選95事件＞

(判旨) 上告棄却。

「…本件各倉荷証券には、倉庫証券約款として、『受寄物の内容を検査することが不適当なものについては、その種類、品質および数量を記載しても当会社(被上告人)はその責に任じない』旨の**免責条項**の記載があったというのであるが、右免責条項の効力を認めたうえ、倉庫営業者は、該証券に表示された荷造りの方法、受寄物の種類からみて、その内容を検査することが容易でなく、または荷造りを解いて内容を検査することによりその品質または価格に影響を及ぼすことが、一般取引の通念に照らして、明らかな場合にかぎり、右免責条項を援用して証券の所持人に対する文言上の責任を免れうると解すべきものとした原審の判断、ならびに原審の確定した事実関係…に照らせば、本件各証券に表象された木函入り緑茶は、その荷造りの方法および品物の種類からみて、一般取引の通念上、内容を検査することが不適当なものに該当する…。」

(7) 処分証券性 〜 物権的効力

「**処分証券性**」は、**物品の処分を証券によって行わなければならない**ことです。

(例) 倉荷証券(商605条)、船荷証券(商761条)、貨物引換証〔<削除>改正前商573条〕

* 2019年施行改正前商法は、「貨物引換証」の「処分証券性」に関する規定を、倉庫証券(=「預証券」及び「質入証券」)に準用〔<削除>改正前商604条・573条〕(さらに、「倉荷証券」に「預証券」の規定を準用〔<削除>改正前商627条2項・573条〕)するとともに、船荷証券にも準用〔<削除>改正前商766条・5

73条）していましたが、2019 年施行の改正商法が貨物引換証の規定を廃止したことに伴い、内容を変えず個別の規定が置かれました。

— 商法　第605条（寄託物に関する処分）—

　倉荷証券が作成されたときは、寄託物に関する処分は、<u>倉荷証券</u>によってしなければならない。　　（波線は著者加筆）

— 商法　第761条（運送品に関する処分）—

　船荷証券が作成されたときは、運送品に関する処分は、<u>船荷証券</u>によってしなければならない。　　（波線は著者加筆）

— 改正前商法　第573条＜2019年施行改正商法で削除＞—

　貨物引換証ヲ作リタルトキハ運送品ニ関スル処分ハ貨物引換証ヲ以テスルニ非サレハ之ヲ為スコトヲ得ス　　（波線は著者加筆）

＜**立法趣旨**＞　物品と証券の引渡先が異なる場合が生じるのを防
　　　　　　　　ぐため、物品の処分を証券の裏書又は引渡しをもっ
　　　　　　　　てしなければならないこととしました。

◇**Question6.**　**物権**の**効力発生要件**とは、本来、**何**ですか？　**貨物**
　　　　　　　引換証が**発行**されている**場合**と**比較**してどのような
　　　　　　　違いがありますか？

— 民法　第176条（物権の設定及び移転）—

　物権の設定及び移転は、当事者の<u>意思表示のみ</u>によって、その<u>効力</u>を生ずる。　　（波線は著者加筆）

(8) 引渡証券性 ～ 物権的効力

「**引渡証券性**」とは、「**証券の引渡し**」＝「**物品の引渡し**」の効力を意味します。（**証券の善意取得者（所持人）**と物品の**善意取得者の間の優先順位**については**争い**があります。）

　（例）倉荷証券（商607条）、船荷証券（商763条）、貨物引換証〔〈削除〉改正前商575条〕

＊　2019 年施行改正前商法が倉庫証券（＝「預証券」及び「質入証券」）に準用〔〈削除〉改正前商604条・575条〕（さらに「倉荷証券」に「預証券」の規定を準用〔〈削除〉改正前商627条2項・575条〕）および船荷証券に準用〔〈削除〉改正前商766条・575条〕していた「貨物引換証」の「引渡証券性」に関する規定〔〈削除〉改正前商575条〕は、前述**(7)**の通り、2019 年施行改正商法の貨物引換証の規定廃止に伴い内容を変えず個別の規定に置き替えられました。

商法 第607条（倉荷証券の引渡しの効力）

　倉荷証券により寄託物を受け取ることができる者に**倉荷証券を引き渡した**ときは、その引渡しは、**寄託物について行使する権利の取得に**関しては、**寄託物の引渡し**と同一の効力を有する。（波線は著者加筆）

商法 第763条（船荷証券の引渡しの効力）

　船荷証券により寄託物を受け取ることができる者に**船荷証券を引き渡した**ときは、その引渡しは、運送品について行使する権利の取得に関しては、**運送品の引渡し**と同一の効力を有する。（波線は著者加筆）

改正前商法　第575条＜2019年施行改正商法で削除＞

　貨物引換証ニ依リ運送品ヲ受取ルコトヲ得ヘキ者ニ貨物引換証ヲ引渡シタルトキハ其引渡ハ運送品ノ上ニ行使スル権利ノ取得ニ付キ運送品ノ引渡ト同一ノ効力ヲ有ス　　　　（波線は著者加筆）

＜立法趣旨＞

　荷送人や寄託者が金融を得る目的のために運送品・寄託物を**質入れ**したい場合、**動産質権**を設定するには**目的物を相手に引渡**さなければなりません。しかし、**巨大な物**や**大量の物**を預かるのはたいへん**面倒**であり、また運送途上の荷物をわざわざ**指図による占有移転**（民184条）の方法によって**質入れ**するのも**手間**がかかりました。そこで、**貨物引換証・船荷証券・倉荷証券**が発行されている場合には、**「証券の引渡し」**が**「物品の引渡し」**と同一の**効力**を有することとしました。

民法　第344条（質権の設定）

　質権の設定は、債権者にその目的物を引き渡すことによって、その効力を生ずる。　　　（波線は著者加筆）

　民法第344条の「引渡し」には「指図による占有移転」（民184条）も含まれます。

　その一方で民法は、動産についての物権譲渡の対抗要件を次の通り定めています（民178条）。

民法　第178条（動産に関する物権譲渡の対抗要件）

　動産に関する物権の譲渡は、その動産の引渡しがなければ、第三者に対抗することができない。　　＜波線は著者加筆＞

◇**Question7.** 貨物引換証の善意取得による**運送品の善意取得者**
の**権利**と、**運送品自体**を**直接**に善意取得した**者**の**権**
利が**衝突**する場合、**どちらの権利**が**優先**すると考え
られますか**?**

＜貨物引換証の**引渡証券性**についての理論構成＞
（参考）大審院昭和7年2月23日第五民事部判決民集11巻148頁
　　　　＜百選82事件＞

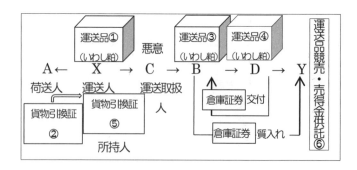

（**判旨**）上告棄却。

「貨物引換証ノ発行アリタル運送品ニ付運送人又ハ運送人ノ指定シタ
ル到達地ノ運送取扱人カ右ノ事実ヲ知リナカラ之ト引換ニ非スシテ運送
品ヲ貨物引換証ノ所持人以外ノ者ニ引渡シタルトキト雖引渡ヲ受ケタル
者カ自己ノ所有物トシテ之ニ質権ヲ設定シ質権者カ平穏且公然ニ之カ
占有ヲ為シ善意ニシテ且過失ナキトキハ民法第一九二条ノ規定ニ基キ
該運送品ニ対シ有効ニ質権ヲ取得スルモノナルヲ以テ質権者ハ其ノ請
求ニ基キ執達吏ノ為シタル右物品競売ノ結果供託シタル売得金ニ付テ

モ質権ヲ主張スルコトヲ得ヘク従テ貨物引換証ノ所持人又ハ該証券ヲ
裏書ニ因リ譲渡ヲ受ケタル者ハ縦令叙上ノ如キ事実ヲ知ラサルトキト雖
売得金ニ対シ自己ノ受領スル権利アルコトヲ主張スルコトヲ得サルモノト
ス」

—— 民法　第192条（即時取得）——

　取引行為によって、平穏に、かつ、公然と動産の占有を始めた者
は、善意であり、かつ、過失がないときは、即時にその動産について行
使する権利を取得する。

代表説（相対説）（通説）	絶対説（有力説）
運送人が運送品を占有している限り、証券は、運送品の間接占有を擬制し、民法の一般原則にかかわらず、証券の引渡しに運送品の占有移転の効力を認める見解。	証券の引渡しは、民法の占有移転の原則的方法（民182条-184条）と別に認められた商法独自の物品の占有移転の方法であり、運送人の運送品占有の有無にかかわらず、証券の引渡しに運送品の占有移転の絶対的効力を認める見解。

5. 貨物引換証・倉荷証券・船荷証券の法的性質の手形との対比

	法的性質	船荷証券等	内　容	手形・小切手
①	非設権証券性	○	原因関係（運送契約上の権利）を表章	× 設権証券
②	要式証券性	○商601条,758条1項	法定事項の記載・署名を要する（詳細な運送約款の印刷有）	⇔ 厳格（手1条,2条1項,75条、76条1項,小1条,2条1項）
③	指図証券性	○商606,762条	裏書によって譲渡（担保的効力無）	手11条1項,小14条1項
④	記名証券性	○民520条の13	証券に特定の者を権利者として指定	手14条,小19条
⑤	受戻証券性	○商613,764条	証券と引換に物品を請求	債権的効力
⑥	文言証券性	○商604,760条	証券の文言に従う	
⑦	処分証券性	○商605,761条	証券によって物品を処分	物権的効力
⑧	引渡証券性	○商607,763条	証券引渡し＝物品引渡しの効力	

（上柳克郎＝北沢正啓＝鴻常夫編『商法総則・商行為法』（有斐閣双書、新版、1998年）249頁-259頁,292頁から作成、弥永真生著『リーガルマインド商法総則・商行為法』（有斐閣、第2版、2006年）116頁で補足。）

～ ◇Question の ヒント 又は 答え ～

◇**Question1.** 財産的価値のある私権を表章する証券であって、権利の発生・移転・行使の全部または一部に証券の所持を必要とするもの、と定義されます。学説によって定義は異なります（田邊光政著『最新手形法小切手法』（中央経済社、5訂版、2007年）22頁-23頁）。**2.** 船荷証券・倉荷証券・貨物引換証には、原因関係である運送契約上の権利が表章されているので、その原因関係である運送契約上の権利について時効期間の規定が存在する（商585条）〔≒改正前商589条・566条〕以上、船荷証券等の権利の時効について特に規定を置く必要がなかったからです。**3.** 言えません。ただし、運送人の署名を欠くと無効です（商601条、商758条1項、削除改正前商571条2項）。法定記載事項（商601条、758条1項、削除改正前571条2項）以外の記載も認められ、詳細な運送約款が印刷されているのが通例です。**4.** 空券であって無効です（大判昭和13年12月27日民集17巻2848頁〈百選80事件、百選〔第5版〕91事件〉）。**5.** 最高裁昭和44年4月15日判決民集23巻4号755頁〈百選95事件、百選〔第5版〕106事件〉を参照して考えてみましょう。**6.** 意思主義の原則（民176条）。**7.** 後者の権利（最判昭和7年2月23日民集11巻148頁〈百選80事件、百選5版93事件〉）。

★☆★　第21章の主要参考文献　★☆★　（著者 アイウエオ順）

石井吉也「貨物引換証の物権的効力」北沢正啓=浜田道代編『ジュリスト増刊 商法の争点Ⅱ』（有斐閣、1993年）242頁-243頁、上柳克郎=北沢正啓=鴻常夫編『商法総則・商行為法』（有斐閣双書、新版、1998年）248頁-259頁、290頁-292頁、江頭憲治郎＝山下友信編『別冊ジュリスト商法（総則・商行為）判例百選』（有斐閣、第5版、2008年）91事件〔福瀧博之〕・93事件〔浅木慎一〕184頁-185頁、188頁-189頁、大石眞編『デイリー六法2020 令和2年版』（三省堂、2019年）、落合誠一=大塚龍児=山下友信著『商法Ⅰ総則商行為』（有斐閣、第4版、2009年）229頁-237頁、同『商法Ⅰ-総則商行為』（有斐閣、第6版、2019年）246頁、248

266

頁-257頁、269頁-270頁、神作裕之＝藤田友敬編『別冊ジュリスト商法判例百選』(有斐閣,第6版,2019年)80事件〔潘阿憲〕・82事件〔笹本幸祐〕162頁-163頁,166頁-167頁、岸田雅雄著『ゼミナール商法総則・商行為法入門』(日本経済新聞社,2003年)303頁-308頁、北居功＝高田晴仁編著『民法とつながる商法総則・商行為法』(商事法務,第2版,2018年)255頁-265頁〔隅谷史人〕、近藤光男著『商法総則・商行為法』(有斐閣,第5版補訂版,2008年)212頁-222頁、拙著『はじめての商法(総則・商行為)講義ノート』(関東学院大学出版会、2012年)107頁-113頁,121頁-122頁、田邊光政著『最新手形法小切手法』(中央経済社,5訂版,2007年)76頁、法務省民事局「商法及び国際海上物品運送法の一部を改正する法律案新旧対照条文」http://www.moj.go.jp/content/001261326.pdf、弥永真生著『リーガルマインド商法総則・商行為法』(有斐閣,第2版,2006年)116頁、弥永真生著『リーガルマインド商法総則・商行為法』(有斐閣,第2版補訂版,2007年)111頁-117頁。

これで終了です。あとは試験に向けてしっかり勉強しましょう。
Guten Erfolg!

第22章　後半 期末テスト(60分) 持込不可 ＿＿点/100点

【設問】　次の問題文を読んで、続く問いに答えてください。

　神奈川県横浜市で菓子製造販売店を営む個人事業主Aは、果物店を営むBから、1週間に一度、果物を仕入れて来た。Aが正月休みに入る前に、Bからいつも通り果物を送るというメールを受けたが、Aが返事をしなかったところ、Bが送付してきた果物がAの荷物受取ボックスの中で腐ってしまった。Aは、Bからの果物代金支払請求を拒んでいる。

　家電製造販売店を営むCは、業務用の大型車1台を自動車販売業を営む合同会社Dから100万円で購入して引渡しを受け、代金を1週間以内に支払う約束をした。Cは、当該大型車の購入から5日後さらに業務用の小型自動車1台を購入し、その場で小型自動車代金30万円を支払った。小型自動車代金支払いから1週間後、Cが当該小型自動車の引渡しをDに要求したが、Dは、Cが支払期日を過ぎても業務用大型車の代金100万円を支払わないことを理由に小型自動車の引渡しを拒んでいる。

　Eは、合資会社Fに御歳暮の品を送ろうと、運送業を営むG株式会社に対して運送状に「菓子」と記載したものの、実際には100万円相当の金塊を一緒に入れて運送品をG株式会社に引渡した。運送状には「30万円を超える高価な品物はお引き受けいたしません」と記載されていた。G株式会社の運転手には重過失が無かった。合資会社Fから受けた電話で、運送途上で金塊が無くなったことを知ったEは、G株式会社に対して100万円の支払いを請求してきた。

　上記B・C・Eが提訴した場合、それぞれの主張について裁判所はどのように判断すると考えられますか。各請求に**❶〜❸**の番号を付して論じてください。論じる順番は、アルファベット順である必要はありません。以上

268

♥ 解答とヒント

① BのAに対する果物代金請求は認められる（商509条）。Bは、平常取引関係にあるAの申込みに遅滞なく諾否の通知をしなかったため、申込みを承諾したことになります。（第12章商行為の通則(1)を参照のこと。）

② CのDに対する小型自動車引渡請求は認められない（商521条）。Dには、Cが期日までに大型自動車の代金を支払っていないことを理由として、商事留置権に基づき牽連関係の無い小型自動車を留置することができる。（第12章 商行為の通則(2)を参照のこと。）

③ EのGに対する損害賠償請求は認められない（商577条）。Eは、運送人Gに対して高価品である金塊100万円が入っていることを通知していないため、運送人Gは100万円の金塊が滅失したことについての損害賠償責任を負わない。ただし、運送約款の責任限度額30万円を限度とする不法行為責任を負うことはある（民709条）。（第18章運送営業を参照のこと。）

付　録

「民法の一部を改正する法律の施行に伴う関係法律の整備等に関する法律」（平成二十九年法律第四十五号）の一部抜粋

第一章　法務省関係

（民法施行法の一部改正）

第一条　民法施行法（明治三十一年法律第十一号）の一部を次のように改正する。

第四条を次のように改める。

　第四条　削除

第五十七条を次のように第五十七条　削除

（民法施行法の一部改正に伴う経過措置）

第二条　この法律の施行の日（以下「施行日」という。）前に作成された前条の規定による改正前の民法施行法第四条に規定する証書の証拠力については、なお従前の例による。

2　施行日前に発行された指図証券、無記名証券及び民法の一部を改正する法律（平成二十九年法律第四十四号。以下「民法改正法」という。）による改正前の民法（明治二十九年法律第八十九号。以下「旧民法」という。）第四百七十一条に規定する証券に係る権利の失権については、なお従前の例による。

（商法の一部改正）

第三条　商法（明治三十二年法律第四十八号）の一部を次のように改正する。

　目次中「第五百九十二条」を「第五百九十二条ノ二」に改める。

第十八条の二第一項ただし書中「害すべき事実」を「害すること」に改め、同条第二項中「二十年」を「十年」に改める。

第五百七条を次のように改める。

　第五百七条　削除

第五百八条第二項中「第五百二十三条」を「第五百二十四条」に改める。

第五百十三条第一項中「（次条の法定利率による利息をいう。以下同じ。）」を削る。

第五百十四条を次のように改める。

　第五百十四条　削除

第五百十六条第二項を削る。

第五百十七条から第五百二十条までを次のように改める。

　第五百十七条から第五百二十条まで　削除

第五百二十二条及び第五百二十三条を次のように改める。

　第五百二十二条及び第五百二十三条　削除

第五百二十六条第二項を次のように改める。

　２　前項に規定する場合において、買主は、同項の規定による検査により売買の目的物が種類、品質又は数量に関して契約の内容に適合しないことを発見したときは、直ちに売主に対してその旨の通知を発しなければ、その不適合を理由とする履行の追完の請求、代金の減額の請求、損害賠償の請求及び契約の解除をすることができない。売買の目的物が種類又は品質に関して契約の内容に適合しないことを直ちに発見することができない場合において、買主が六箇月以内にその不適合を発見したときも、同様とする。

第五百二十六条第三項中「買主がその瑕疵又は数量の不足につき」を「売買の目的物が種類、品質又は数量に関して契約の内容に適合しないことにつき売主が」に改める。

第五百六十七条中「債権ハ」の下に「之ヲ行使スルコトヲ得ル時ヨリ」を加える。

第五百七十六条を次のように改める。

　第五百七十六条　運送品ノ全部又ハ一部ガ其性質又ハ瑕疵ニ因リテ滅失シタルトキハ荷送人ハ運送賃ノ支払ヲ拒ムコトヲ得ズ

第二編第八章第三節中第五百九十二条の次に次の一条を加える。

　第五百九十二条ノ二　第五百六十七条ノ規定ハ旅客ノ運送人ニ之ヲ準用ス

第六百十三条第二項中「手形法」の下に「(昭和七年法律第二十号)」を加える。

第七百六十五条中「債権ハ」の下に「之ヲ行使スルコトヲ得ル時ヨリ」を加える。

第七百九十八条第二項中「ヨリ」の下に「、船舶ノ衝突ニ付テハ損害及ビ加害者ヲ知リタル時ヨリ」を加える。

（商法の一部改正に伴う経過措置）

第四条　施行日前に商人の他の商人に対する営業の譲渡に係る契約が締結された場合におけるその営業譲渡については、前条の規定による改正後の商法（以下この条において「新商法」という。）第十八条の二の規定にかかわらず、なお従前の例による。

2　施行日前にされた前条の規定による改正前の商法（以下この条において「旧商法」という。）第五百七条に規定する契約の申込みについては、なお従前の例による。

3　施行日前に旧商法第五百十四条に規定する商事法定利率による利息が生じた場合におけるその利息を生ずべき債権（商行為によって生じたものに限る。）に係る法定利率については、なお従前の例による。施行日前に債務者が遅滞の責任を負った場合における遅延損害

金を生ずべき債権(商行為によって生じたものに限る。)に係る法定利率についても、同様とする。

4 施行日前に生じた指図債権及び無記名債権(その原因である法律行為が施行日前にされたものを含む。)に係る弁済の場所及びその証券の提示については、なお従前の例による。

5 施行日前に発行された旧商法第五百十八条に規定する有価証券に係るその喪失の場合の権利行使方法並びにその譲渡方法及び善意取得については、なお従前の例による。

6 施行日前にされた商行為によって生じた債務に係る取引時間については、なお従前の例による。

7 施行日前にされた商行為によって生じた債権に係る消滅時効の期間については、なお従前の例による。

8 施行日前に締結された売買契約に係る買主による目的物の検査及び通知については、新商法第五百二十六条第二項及び第三項の規定にかかわらず、なお従前の例による。

9 施行日前に締結された運送契約に係る運送賃については、新商法第五百七十六条(新商法第七百六十六条(新商法第七百八十七条において準用する場合を含む。)において準用する場合を含む。)の規定にかかわらず、なお従前の例による。

10 新商法第五百九十二条ノ二の規定は、施行前に締結された運送契約に係る旅客の運送人の債権については、適用しない。

11 施行日前に船舶の衝突による債権が生じた場合におけるその債権の消滅時効の期間については、新商法第七百九十八条第二項の規定にかかわらず、なお従前の例による。

索引（アイウエオ順）

276

■著者紹介

三原　園子
（みはら　そのこ）

関東学院大学法学部教授

1996 年　東京工芸大学女子短期大学部専任講師

2000 年　東京工芸大学女子短期大学部助教授

2002 年　関東学院大学法学部助教授

2007 年　関東学院大学法学部教授（2004 年 9 月〜 2016 年 3 月
　　　　　関東学院大学大学院法務研究科兼担講師（2004 年〜未
　　　　　修者コース「商法（基礎）」、2007 年〜同「企業法総論」）、
　　　　　2006 年〜関東学院大学大学院法学研究科博士前期課程
　　　　　指導教授、2009 年〜同博士後期課程講義担当、2011
　　　　　年〜同博士後期課程指導教授）現在に至る

楽しく学べる商法（総則・商行為）

2020 年 5 月 19 日　第 1 刷発行

著　者　　三原　園子　　©Sonoko Mihara, Kanto Gakuin University, 2020
発行者　　池上　淳
発行所　　株式会社　**現代図書**
　　　　　〒 252-0333　神奈川県相模原市南区東大沼 2-21-4
　　　　　TEL　042-765-6462（代）／ FAX　042-701-8612
　　　　　振替口座　00200-4-5262 ／ ISBN　978-4-434-27401-5　C2032
　　　　　URL　http://www.gendaitosho.co.jp
　　　　　E-mail　contactus_email@gendaitosho.co.jp
発売元　　株式会社　星雲社（共同出版社・流通責任出版社）
　　　　　〒 112-0005　東京都文京区水道 1-3-30
　　　　　TEL　03-3868-3275 ／ FAX　03-3868-6588
印刷・製本　モリモト印刷株式会社　Printed in Japan